RECUEIL D'OBSERVATIONS ET DE FAITS RELATIFS AU MAGNÉTISME ANIMAL.

RECUEIL
D'OBSERVATIONS
ET DE FAITS
RELATIFS
AU MAGNÉTISME
ANIMAL,

Présénté à l'Auteur de cette découverte, & publié par la Société de Guienne.

A PHILADELPHIE.

A PARIS, chez les Marchands de Nouveautés.

ET A BORDEAUX, chez PALLANDRE le Jeune, rue du Chapeau-Rouge.

M. DCC. LXXXV.

. . . . EN attendant que je m'éleve au-deſſus des circonſtances, en apparence difficiles, dans leſquelles on a cru me jeter, qu'il me ſoit permis de renouveller ici le défi que j'ai fait aux Médecins, *il y a environ ſix ans.* J'ai demandé à cette époque, & je demande aujourd'hui qu'ils choiſiſſent vingt-quatre malades : j'en prendrai un même nombre ; & l'état des uns & des autres ſera conſtaté en préſence de Magiſtrats ſupérieurs qui voudront bien préſider à leur traitement. En Médecine on ne doit ſe décider que par les faits. Je ſoutiens que mes malades ſeront *plus promptement* & *plus ſûrement* guéris par ma méthode, que les malades confiés aux Médecins ne le ſeront par leurs remedes ; & ſi je fais une promeſſe vaine, je conſens qu'on déclare ma doctrine fauſſe. Il y a dans Paris deux Corps de Médecine ayant une exiſtence *politique ;* que l'un ou l'autre accepte mon défi ; je le tiendrai. (*Extrait d'une Lettre de M. Meſmer, aux Auteurs du Journal de Paris, du 29 Août 1784.*)

LETTRE

DE MESSIEURS

LES MEMBRES

DE LA SOCIÉTÉ

DE L'HARMONIE DE GUIENNE,

A M. MESMER,

Docteur en Médecine de la Faculté de Vienne.

Bordeaux, le 30 Novembre 1784.

MONSIEUR,

BORDEAUX eſt de toutes les Villes du Royaume celle qui accueillit votre découverte avec le plus d'empreſſement. Pluſieurs cours d'inſtruction ont ſucceſſivement inſcrit au rang de vos Eleves un grand nombre de Citoyens, auxquels leur état & leurs qualités perſonnelles concilioient également la conſidération publique. Dès l'inſtant qu'aidés des lumieres de M. le Comte Maxime de Puiſegur, nous avons organiſé notre ſociété, elle s'eſt vouée à la bienfaiſance : un traitement public en faveur des pauvres, & une caiſſe de charité pour les ſecourir, ont été la premiere & l'utile baſe de notre établiſſement. Nous avons cru que cette maniere de procéder étoit le plus digne hommage que nous puſſions offrir à votre ame & à votre génie.

M. Fitzgibbon, M. Archbold, M. Pradelle, Docteurs en Médecine, ont loué un hôtel vaſte & aéré ; leurs ſoins, ſecondés de ceux des Eleves, y ſont accordés chaque jour à cinquante malades indigens, avec un zele, une ponctualité, & une conſtance, qui font également l'éloge de l'humanité & du déſintéreſſement de vos trois diſciples.

Nous allons, MONSIEUR, tant pour Bordeaux que pour Bayonne, mettre ſous vos yeux divers détails, qui conſtatent les effets les plus déciſifs & les plus favorables à la propagation de votre doctrine : déſormais, par ſes ſuccès, elle ſe défend d'elle-même contre les frondeurs inconſéquens ou les adverſaires de mauvaiſe foi.

Nous avons l'honneur d'être avec reſpect,

MONSIEUR,

Vos très-humbles & très-obéiſſans ſerviteurs.

LETTRE

DE MM. Fitzgibbon, Archbold & Pradelle, *Docteurs en Médecine à la Société de l'Harmonie de Guienne.*

Bordeaux, le 28 Novembre 1784.

MESSIEURS,

L'obſervation & les faits, voilà ſur quoi ſe fondent toutes les ſciences humaines; mais c'eſt ſur-tout en Médecine que l'obſervation eſt indiſpenſable, & que des effets obtenus, & ſouvent réitérés dans les mêmes circonſtances, deviennent une aſſurance preſque infaillible de ceux qu'on peut eſpérer.

Rien de ce qui intéreſſe l'humanité ne peut être indifférent à des Médecins: ils ſont appellés à une miſſion ſublime ; mais ils la rempliroient mal, s'ils repouſſoient ſans examen une grande découverte, parce qu'elle eſt nouvelle, & s'ils dédaignoient des moyens curatifs, ſimples, précieux par leur ſimplicité même, parce qu'ils ſont contraires aux pratiques anciennes. Ce ſeroit circonſcrire la nature, qui a voulu qu'on lui arrachât ſucceſſivement ſes ſecrets, & la ſoumettre à des regles étroites que ſon immenſité méconnoît.

Ces ſentimens, dont nous avons toujours été pénétrés, ne nous ont pas permis de fermer les yeux ſur les procédés de M. Mesmer, quelques différens qu'ils fuſſent de ceux que nous avions ſuivi juſqu'alors, ni de reſter inſenſibles à ſes progrès.

Nous avons hâté par nos vœux l'inſtant où, en ſatisfaiſant une curioſité louable, nous pourrions juger par nous-mêmes de l'efficacité de ſa pratique & de l'excellence de ſa théorie.

Dès que les circonſtances ſe ſont trouvées d'accord avec nos deſirs, nous nous ſommes rendus à Paris pour recevoir de M. Mesmer lui-même les élémens de ſa ſcience, diſpoſés à faire uſage de ſa doctrine ſi elle nous paroiſſoit propre à remplir le but qui nous attiroit.

Nos espérances n'ont point été trompées. Admis au nombre des Eleves de M. MESMER, initiés dans la société qui s'étoit déjà formée sous ses auspices, nous avons eu tous les moyens de nous convaincre de l'utilité du Magnétisme animal pour la guérison des maladies, & dès-lors nous avons regardé comme un devoir indispensable de faire participer cette Province à un bienfait qui, jusqu'à ce moment, avoit été concentré dans la Capitale.

Tels ont été les motifs de notre conduite, & le résultat de nos démarches. Si nous n'avons pas eu dans cette Ville la gloire des premiers succès, nous avons du moins celle d'y avoir fondé le premier établissement public, & la satisfaction plus douce encore d'avoir offert des secours à la partie la plus indigente de la société, en destinant un traitement gratuit pour les pauvres.

Vous avez concouru, Messieurs, avec un zele bien intéressant & bien recommandable à nos vues de bienfaisance, en adoptant particuliérement notre traitement, & lui affectant des fonds pour le soulagement des infortunés qui se trouveroient dépourvus de ressources. Qu'il nous soit permis de joindre aux bénédictions de tant de malheureux dont vous assurez l'existence, l'hommage non moins sincere de notre propre reconnoissance. Nous nous flattons que vous daignerez recevoir avec complaisance le tribut que nous vous offrons : c'est l'état des principales cures opérées dans ce traitement depuis son établissement ; nous y joignons encore quelques faits particuliers, c'est-à-dire, des guérisons obtenues sur plusieurs malades, soignés d'une maniere isolée.

Si nous ne vous en présentons pas un plus grand nombre, c'est que nous avons cru devoir nous borner à celles que le Magnétisme seul a produites, laissant à l'écart une infinité d'effets heureux qu'il a également procurés, mais concurremment avec d'autres remedes.

Nous observerons, en second lieu, que la plupart des malades que nous avons traités étoient atteints de maux invétérés qui avoient déjà épuisé toutes les ressources de la Médecine ordinaire ; ils ont été conduits à notre traitement par le désespoir. Plusieurs en sont sortis avec une nouvelle vie ; & ceux qui, par la nature de leurs accidens, n'ont pu recevoir en aussi peu de temps une guérison parfaite, ont éprouvé des soulagemens si marqués & si notables, que nous avons tout lieu d'attendre un ſuccès complet de la méthode que nous employons.

Nous pourrions ajouter ici beaucoup de réflexions ſur les avantages de cette méthode, comparée à celle dont on a fait uſage juſqu'à nos jours; mais une telle diſſertation paſſeroit les bornes d'une lettre. Nos obſervations y ſuppléeront, & nous rameneront naturellement à ce principe que nous avons établi en commençant, que l'obſervation & les faits ſont les guides les plus ſûrs que l'on puiſſe ſuivre en Médecine.

Nous ſommes très-reſpectueuſement,

MESSIEURS,

Vos très-humbles & très-obéiſſans ſerviteurs,

FITZGIBBON, ARCHBOLD, PRADELLE.

OBSERVATION PREMIERE.

M. Jpping, Allemand, âgé de quarante ans, étoit attaqué d'un rhumatiſme général, avec inhabileté au mouvement, dans tous ſes membres, & gonflement dans toutes les articulations. Il avoit eu précédemment une fievre rhumatiſmale aiguë pendant deux mois. Magnétisé pour la premiere fois d'une maniere isolée par l'un de nous, il put, au bout de dix minutes, remuer les bras & les jambes, & bientôt après se lever & marcher dans sa chambre. Trois jours après il se trouva en état d'aller à pied chez son Médecin, & bientôt au traitement public, où il a resté un mois. Son traitement a commencé vers le 15 Juin dernier, & sa guérison a été parfaitement décidée à la fin de Juillet.

Observation seconde.

Jean Richard, Matelot, âgé de trente-six ans, avoit contracté, pendant la campagne de M. le Comte d'Estaing, une affection catarrale avec fievre lente, toux, crachats purulens, difficulté de respirer, manque d'appétit, amaigrissement, &c.; il avoit été magnétisé plusieurs fois par l'un de nous d'une maniere isolée. Entré au traitement le 6 Juillet dernier, il en est sorti en bon état dans les premiers jours de Septembre.

Ce malade a été invité à rester plus long-temps pour raffermir sa guérison; il a refusé, & s'est trouvé en état de reprendre son travail.

Observation troisieme.

Madame Mary, place des Cordeliers,

malade depuis ſept ans d'un épanchement de lait. Cette jeune Dame avoit perdu ſes couleurs & ſes forces; elle étoit dévorée d'une fievre lente qui avoit amené de l'amaigriſſement; elle ſouffroit continuellement de violens maux de tête & d'eſtomac; l'on découvroit à l'orifice ſupérieur de cet organe une obſtruction ſenſible qui en gênoit les fonctions, &c. Elle avoit fait ſans ſuccès tous les remedes imaginables. Magnétiſée pour la premiere fois par l'un de nous d'une maniere iſolée, elle ne tarda pas à reſſentir d'heureux effets, & elle ſe décida à venir le 6 Juillet au traitement public, qu'elle a quitté deux mois après parfaitement guérie.

Obſervation quatrieme.

M.   Négociant de cette Ville, ſujet depuis longues années à différentes attaques de rhumatiſme goutteux, avec gonflement dans les articulations, maux de tête qui revenoient périodiquement tous les ſoirs, avoit eu, pendant notre dernier ſéjour à Paris, une attaque de ſon rhumatiſme. Il avoit, le 10 Juin, tout un côté dans un état de débilité ſi grande, qu'il ne pouvoit preſque pas remuer le bras, & qu'il traînoit la jambe. Magnétiſé d'abord par l'un de nous d'une maniere isolée, il se trouva bientôt en état d'aller à pied, & de venir le 9 Juillet au traitement public, où il a été parfaitement guéri au bout d'un mois.

Observation cinquieme.

M. Faget, Américain, âgé de 29 ans, avoit éprouvé en Amérique plusieurs maladies graves qui avoient altéré notablement sa santé. Quoique ses maladies parussent guéries, son existence n'en étoit pas devenue plus supportable ; il lui restoit à la poitrine, & principalement sur toute la partie du sternum, une douleur si vive, qu'il ne pouvoit respirer sans souffrir. Il lui étoit impossible de rester couché, & l'excès des souffrances lui arrachoit souvent des larmes. Tel étoit son état depuis cinq mois. Il a entré au traitement le 7 Juillet dernier, & a été parfaitement guéri le 19 du même mois, sans autre secours que le Magnétisme animal.

Observation sixieme.

Antoine Cispoul, dit Jolicœur, Tailleur de pierre, de la Paroisse de Gradignan, âgé de 36 ans, se plaignoit depuis très-long-temps de douleurs rhumatismales vagues, qui étoient alors fixées au bras gauche ; il avoit des obstructions à la rate & au petit lobe du foie ; une affection catarrale sur la poitrine, avec fievre, amaigrissement & crachats suspects faisoient craindre pour cet organe. Son teint étoit jaune, il étoit foible, triste & découragé. Il avoit fait envain beaucoup de remedes. Entré au traitement le 7 Juillet, & guéri au bout de deux mois.

Observation septieme.

M. avoit abusé de son tempérament & de ses forces en Amérique, où il a vécu long-temps. Il s'étoit livré à son goût pour le vin & à sa passion pour les femmes, de maniere à se procurer plusieurs maladies très-graves. Il avoit subi une fois le traitement mercuriel.

De retour en France depuis 9 ans, il continua de délabrer sa santé par l'excès des boissons spiritueuses ; il éprouva une affection de la tête qu'on qualifia de coup de sang, & pour laquelle on prodigua les saignées : on ne les ménagea pas non plus il y a deux ans, lors d'une fluxion de poitrine que le malade avoit contractée. Enfin, c'étoit le seul remede à opposer à une douleur de tête qui tourmentoit le malade assez constamment.

L'état des choses empirant chaque jour, le malade étoit d'une maigreur & d'une foiblesse extrême, le teint étoit have, il ſe traînoit à peine, il n'avoit point d'appétit, il ſembloit ſouffrir de la tête, incapable de penſer, de raiſonner; les facultés de ſon ame paroiſſoient entiérement perdues

Ce malade eſt entré au traitement le 7 Juillet dernier, & il en eſt ſorti trois mois après pour aller à la campagne. Il étoit alors dans le meilleur état, & nous apprenons avec bien du plaiſir, mais non ſans admiration, l'entier rétabliſſement de cette conſtitution délabrée, que nous n'aurions jamais oſé nous promettre de rectifier en auſſi peu de temps.

Obſervation huitieme.

Jeanne Lapaillere, domeſtique au château Trompette, âgée de 62 ans, affectée depuis 20 ans d'un rhumatiſme d'abord univerſel, fixé alors aux articulations; elle avoit eu pluſieurs fois auſſi des menaces de paralyſie, & dans le moment elle éprouvoit des difficultés de parler & un état de ſomnolence. Entrée au traitement le 7 Juillet dernier, guérie le 15 Septembre ſuivant.

Obſervation neuvieme.

M. Guillet, Étudiant en Droit, âgé de 26 ans, étoit malade depuis 5 ans. Voici l'expoſé de ſon état décrit par lui-même.

« Ma maladie me prive depuis 5 ans » de la faculté de lire, & de donner la » plus légere attention aux affaires. Je » sens le besoin de pleurer, & je ne le » puis pas. Je souffre habituellement au- » dessus de la tête, sur-tout après les re- » pas; elle est fatiguée par tous les mou- » vemens de l'ame, & les vents s'y portent » avec opiniâtreté. Le besoin de manger » occasionne des roulemens qui s'exercent » sur la poitrine, sur la tête, & dans le dos. » Je suis habituellement constipé, & mes » selles ne sont pas en proportion de mes » alimens. Je sens un vuide dans les reins » & dans le ventre, tandis que j'éprouve » un poids ou une surcharge dans les » parties supérieures. Je suis tourmenté » par les vents, & je ne puis point en ren- » dre. Des pointes & des grains d'eau se » font sentir par fois sur le nez qui est ha- » bituellement rouge & dur. J'éprouve » des inquiétudes involontaires, les ali- » mens les mieux choisis aigrissent sur mon » estomac. J'attribue mon état à la sup- » pression d'un écoulemens aux oreilles, » que j'avois gardé pendant deux ans. Mon » Médecin de l'isle d'Arvert, ma patrie, » pensoit que je pouvois tenir de ma mere » un vice scorbutique. »

Nous n'avons observé aucune trace de

vice scorbutique chez M. Guillet; mais nous avons découvert à la fossette du cœur une obstruction que nous avons tâché de détruire, & à laquelle nous avons attribué tous les dérangemens de sa santé. Nos vues ont été complétement remplies, & M. Guillet, après avoir resté quatre mois au traitement, s'est trouvé parfaitement bien, & en état d'entreprendre le voyage de l'Amérique.

Observation dixieme.

Magdelaine Guerin, âgée de 36 ans, femme de chambre de Madame Dufaure-Lajarthe, rue Leyteire, éprouvoit depuis 18 ans des coliques venteuses, des maux de tête, & autres symptômes nerveux; elle souffroit de plus des douleurs passageres dans les bras & les reins; elle avoit tenté beaucoup de remedes sans aucun succès. Entrée au traitement le 8 Juillet dernier, guérie le 24 Août suivant.

Observation onzieme.

Pierre Brous, d'Agen, domestique chez M. J. J. Boyer, Négociant aux Chartrons, se plaignoit d'avoir la vue très-foible; l'œil droit étoit sur-tout très-affecté, il n'y voyoit que peu, & sans rien distinguer.

Cette affection lui étoit venue à la suite d'une dyssenterie. Entré au traitement le 8 Juillet dernier, guéri le 16 Août suivant.

Observation douzieme.

Jean Dorat, âgé de trente-deux ans, avoit eu, il y a un an, une éruption à la tête, qu'on avoit caractérisée du nom de teigne. Cette éruption étant rentrée depuis six mois, il souffroit des douleurs très-vives dans les bras, avec un sentiment de chaleur brûlante. Entré au traitement le 9 Juillet, deux mois après les douleurs ont cessé.

Observation treizieme.

Anne Duver, âgée de vingt-huit ans, cuisiniere, rue Leyteire, souffroit depuis dix ans des maux de tête & des coliques d'estomac qui revenoient réguliérement tous les matins. Ces douleurs duroient pendant deux heures. Entrée au traitement le 9 Juillet dernier, parfaitement guérie le 22 du même mois.

Observation quatorzieme.

Jean Monchon, paroisse Ste. Eulalie, Apprentif Manchonnier, âgé de vingt ans, avoit la fievre quarte depuis trois semaines. Cette fievre avoit réveillé une douleur à la rate qu'il avoit ressentie trois ans auparavant à la suite d'un effort. Cette douleur étoit occasionnée par une obstruction dans cette partie. Entré au traitement le 10 Juillet, les premieres séances enleverent la fievre; mais la cure de l'obstruction demandoit plus de temps. Il s'est retiré au bout de trois semaines parfaitement bien.

Observation quinzieme.

Marie Chauvet de N. auprès de la Réole, domestique chez maître Larjeton, Forgeron à St. Seurin, âgée de vingt-six ans, avoit dans le bras droit un tremblement épileptique presque continuel depuis plus de neuf ans. Il se propageoit dans les forts accès jusqu'à la cuisse du même côté. Ces accidens étoient survenus à la suite d'une peur. Entrée au traitement le 10 Juillet dernier, elle en est sortie dans le meilleur état à la fin d'Octobre suivant.

Observation seizieme.

Madame Raimbert, veuve Darnaud, de Bordeaux, âgée de soixante ans passés, affectée de maux de nerfs qui portoient à la tête & à l'estomac, de douleurs rhumatismales dans les extrémités inférieures, de fluxion scorbutique qui avoit attaqué les gencives, d'engourdissement aux mains, d'inhabileté d'inhabileté à marcher, &c. Entrée au traitement le 14 Juillet dernier, a été parfaitement guérie dans un mois.

Nota. Madame Raimbert avoit eu recours à la Médecine ordinaire, & après quelques tentatives infructueuses, on lui avoit répondu, suivant l'usage, qu'à un certain âge on ne pouvoit guérir de ses infirmités; qu'il falloit vivre avec ses ennemis, & autres vieux proverbes, qui prouvent depuis long-temps l'insuffisance de l'art lorsqu'il méconnoît une nature pleine de vie, influant plus moins, mais sans cesse, sur les individus, dans tous les temps & dans tous les âges.

Observation dix-septieme.

M. Bardinet, attaché au Bureau Royal de Correspondance à Bordeaux, âgé de vingt-huit ans, éprouvoit depuis long-temps un sentiment de chaleur insupportable aux pieds & aux mains. Il avoit été attaqué le 15 Mai dernier d'une fievre tierce qui avoit eu plusieurs rechûtes. Arrêtée par une saignée, l'ipécacuanha, des purgatifs, des bouillons amers, des eaux minérales, le quinquina, &c., il lui restoit des douleurs vives dans l'estomac, une insomnie presque habituelle, ce sentiment de feu dans tout le corps, sur-tout aux pieds & aux mains, un teint jaune; il se traînoit à peine, & il étoit tourmenté par les vents. Entré au traitement le 21 Juillet dernier, guéri le 4 Août suivant.

Observation dix-huitieme.

Marie Cavailhé, âgée de quatorze ans, fille du sieur Cavailhé, Sellier aux allées d'Albret, étoit dans un état déplorable. Consumée par une fievre étique depuis trois mois, elle se traînoit à peine. Elle éprouvoit de vives douleurs dans la tête & dans les jambes, les muscles du cou étoient dans un état convulsif, elle avoit une toux seche, accompagnée d'oppression, sa vue étoit affoiblie. Cette malade entrée au traitement le 2 Août, l'a quitté le 10 Septembre parfaitement guérie.

Nota. Cette guérison est une de celles qui nous a flatté le plus. Outre l'intérêt que l'état presque désespéré de cette malade nous inspiroit, nous aimions à nous rappeller qu'elle nous avoit été adressée & recommandée par une Dame qui a les plus grands droits à nos hommages & à nos respects.

Observation dix-neuvieme.

Jean Teyssier, domestique chez M. de Cholet, Trésorier de France, âgé de trente-quatre ans, avoit la fievre intermittente depuis un an : elle avoit commencé par être tierce, elle étoit devenue double-tierce, & enfin double-quarte. Il avoit des obſtructions dans tous les viſceres du bas-ventre, & plus ſenſiblement dans le petit lobe du foie. Il avoit fait infructueuſement quantité de remedes.

Entré au traitement le 7 Août, il l'a quitté dans les premiers jours de Septembre pour aller à la campagne. Alors la fievre étoit réduite à bien peu de choſe, & ſes obſtructions étoient preſque totalement diſparues, les forces, l'appétit & le ſommeil étoient revenus. Ce malade s'eſt trouvé parfaitement guéri quelques jours après.

Obſervation vingtieme.

M. Conway, Irlandois, Capitaine au Régiment de Berwik, affecté depuis nombre d'années d'une douleur rhumatiſmale à la poitrine, entré au traitement le 11 Août, guéri le 11 Septembre.

Obſervation vingt-unieme.

Jeanne, fille de Tabouleau, dit Crenet, Trompette, âgée de ſept mois, à la ſuite de la rougeole, étoit attaquée d'une roideur convulſive dans les muſcles du cou, la face étoit blême & bouffie, les yeux éteints & immobiles, la reſpiration rare & peu ſenſible, le ventre tendu & météoriſé, elle n'avaloit pas depuis pluſieurs jours, & sembloit n'avoir pas la force de pousser des cris. Admise au traitement le 12 Août, & toujours magnétisée à la distance de quelques pouces, elle remua le cou avant la fin de la séance, les yeux reprirent de la vie, le ventre se ramollit, elle avala un peu de lait. Le 13, le visage & successivement tout le corps se couvrit de sueur, les symptômes s'améliorerent, l'enfant commença à crier. Le 14, il se déclara une éruption de gros boutons à la tête, au visage & à la poitrine, qui décida une guérison complette. La mere rapporta l'enfant au traitement le 15, mais seulement pour remercier ses Médecins.

Nota. Après l'ouvrage de M. de Jussieux, après l'*analyse raisonnée* & très-raisonnable de M. Bonnefoi, après tant d'autres écrits semblables, pleins de sagesse & de modération, nous ne porterons pas notre jugement sur les rapports de MM les Commissaires nommés par le Roi; nous nous contenterons seulement de demander à tout homme impartial, s'il est possible de découvrir dans cette cure les effets de l'attouchement, de l'imitation ou de l'imagination? De pareils faits valent mieux que de longs raisonnemens. Peut-être y auroit-il autant de force d'esprit à les observer & à les réfléchir, qu'à mettre avec docilité son intelligence en tutele sur la foi de quelque nom célebre.

Obſervation vingt-deuxieme.

Le ſieur Antoine Souliol, Perruquier, rue du Loup, âgé de quarante ans, ſouffroit depuis quatre ans des douleurs rhumatiſmales très-aiguës ; il avoit de plus un tremblement dans le bras droit, qui s'étendoit ſouvent à d'autres parties du corps. Entré au traitement le 14 Août, a été guéri le premier Octobre.

Obſervation vingt-troiſieme.

Madame Sertain, de Tours, reſtant chez Madame de Journiac, âgée de trente ans, éprouvoit depuis quatre ans un mal à la tête, qui commençoit par le côté droit, & s'étendoit inſenſiblement dans toute la tête. Il étoit ſurvenu à la ſuite d'un état de chloroſe & de fievre nerveuſe. Cette affection revenoit par accès, & chaque accès duroit huit heures. Il étoit quelquefois annoncé par un bourdonnement d'oreille. Depuis quatre mois, époque de ſon mariage, le mal à la tête étoit continuel. Entrée au traitement le 20 Septembre, guérie dans trois ſemaines.

Obſervation vingt-quatrieme.

Maître Joffret, Serrurier, foſſés de Bourgogne, âgé de quarante-cinq ans, souffroit depuis trois semaines d'une ophtalmie très-considérable, avec obstruction à l'œil droit. Il avoit été traité par un célebre oculiste de cette ville sans aucun succès; au contraire, l'œil étoit devenu trouble, & il ne distinguoit plus les objets. Il portoit des vésicatoires que son Chirurgien lui avoit appliqués. Entré au traitement le 25 Septembre, le premier conseil que nous lui donnâmes, fut de supprimer & de sécher ses vésicatoires; & il se contenta d'appliquer sur l'œil des compresses d'eau magnétisée. Il est sorti du traitement à la fin du mois parfaitement guéri.

Nota. Le Magnétisme animal ne manifesta pas subitement ses effets sur ce malade. Nous l'avons attribué à l'impression qu'avoient laissé les vésicatoires. Ce ne fut que le neuvieme jour qu'il commença à en ressentir l'influence. M. Duval d'Esprémesnil, Conseiller au Parlement de Paris, étoit alors à Bordeaux, & le magnétisoit ce jour-là. Il vint à bout, par un procédé ingénieux, de décider en peu de minutes une double fontaine d'une humeur chaude & très-acre par l'œil & la narine droite. Dès ce moment le bien s'est établi, & la guérison s'est annoncée. Nous aimons à le rappeller, & nous nous empressons de faire hommage de cette guérison à l'être respectable qui en est le pricipal auteur. *

* Je me lasse quelquefois de répondre à des détracteurs inconséquens, à des êtres assez futiles

Obſervation vingt-cinquieme.

Jean Taure, domeſtique chez M. Gauthier aîné, Négociant, rue de la Rouſſelle, avoit depuis quelques jours des douleurs rhumatiſmales aux deux cuiſſes ; il ſouffroit cruellement, & ne pouvoit pas marcher. Il avoit été ſoigné ſans ſuccès par un Médecin de cette Ville, reſpectable par ſon âge & ſes talens. Après des purgatifs & des ſudorifiques, on propoſa des véſicatoires ſur chaque cuiſſe. Le remede effraya le malade, & il aima mieux recourir au Magnétiſme animal. Il vint au traitement le premier Novembre, & a été guéri dans cinq ſéances.

Obſervation vingt-ſixieme.

M. Detchevery, rue Mommejean, âgé de vingt-cinq ans, étoit affecté depuis

---

pour ignorer le plaiſir de ſoulager un malheureux. Alors je leur dis : M. d'Eſprémeſnil eſt pourtant le propagateur de la doctrine que vous décriez ; il il eſt venu ſoigner nos pauvres ; il s'occupe des moyens de faire fructifier cette découverte, & d'en aſſurer les avantages à la Nation. --- Si ce digne Magiſtrat daigne jeter les yeux ſur cette note, je le prie d'agréer le témoignage de ma profonde vénération, & celui de ma ſenſibilité aux bontés dont il m'a honoré pendant ſon ſéjour à Bordeaux. (Note de M. Archbold.)

douze ans d'un asthme convulsif; il attribuoit cette affection à une humeur érésipellateuse, qui n'avoit plus reparu, & qu'il jugeoit répercutée. Il est entré au traitement le 7 Juillet, & malgré de fréquentes interruptions, il s'est trouvé en état de partir pour S. Domingue le 4 Octobre dernier.

Observation vingt-septieme.

Mademoiselle Deichevery, rue Mommejean, malade depuis quatorze ans. Une prise d'Ipecacuanha décida des convulsions très-fortes qui revenoient dans différens temps avec d'autres symptômes nerveux; elle devint sujette à des vomissemens de sang, & derniérement elle en rendoit par la poitrine; elle éprouvoit des souffrances cruelles dans l'estomac; elle avoit de la fievre, une toux nerveuse & une maigreur extrême; on soupçonnoit des embarras dans les entrailles. Cette malade avoit fait beaucoup de remedes, & l'on avoit peut-être beaucoup trop pratiqué les saignées.

Entrée au traitement le 7 Juillet, elle y a resté jusqu'aux premiers jours de Septembre, époque à laquelle elle est partie pour la Campagne. Elle étoit alors sans fievre, sans toux, sans crachement de sang, sensiblement mieux. Le bien-être s'est soutenu toute cette automne, & nous avons eu le plaisir de la voir revenir avec un peu d'embonpoint, & reprendre un traitement qui sans doute lui rendra la santé.

Cette malade étoit susceptible de crise magnétique.

Observation vingt-huitieme.

Madame Dufaure de Lajarte, rue Leyteyre, malade depuis dix-huit ans d'un épanchement de lait. Cette humeur a porté tantôt à la tête, tantôt à la poitrine, tantôt sur d'autres parties; elle a occasionné deux fluxions de poitrine & plusieurs dépôts; on a cherché à la combattre par une infinité de remedes. Cette malade a été obligée d'aller deux fois aux eaux, & a souffert cinq fois l'application des vésicatoires. Au moment où elle s'est présentée au traitement le 7 Juillet dernier, elle souffroit principalement de la tête, elle étoit bouffie, & ses jambes étoit engorgées au point de l'empêcher de marcher; nous découvrîmes aussi un état d'obstruction dans la rate & dans les autres visceres du bas-ventre. Plusieurs de ces accidens ont disparu, les autres se sont affoiblis, la malade s'est trouvée en état de marcher. Elle a dû ce bien-être à des sueurs abondantes, qui se sont établies du moment qu'elle a été magnétisée. Elle a quitté le traitement à la fin du mois d'Août pour aller à la campagne, où le bien s'est maintenu; & nous espérons que son retour nous mettra à portée de lui procurer une guérison complette.

Observation vingt-neuvieme.

M. Roussillon aîné, près du jardin public, étoit sujet depuis trois ans à des étourdissemens presque continuels, mais qui augmentoient dans certains temps, au point de l'empêcher de se tenir debout. Lorsqu'ils étoient aussi considérables, ils étoient suivis d'un vomissement accompagné des plus grands efforts. Après plusieurs attaques de ce genre, il étoit devenu sourd d'abord d'une oreille, ensuite de toutes les deux. Il éprouvoit dans l'une le bruit d'une chûte d'eau considérable, dans l'autre le chant de plusieurs coqs. La surdité étoit plus forte à l'approche de ses attaques. Il étoit très-dégoûté, & ses digestions étoient toujours imparfaites. Ces différens accidens étoient causés par une obstruction très-considérable à la rate.

M. Roussillon est aujourd'hui bien près de sa guérison. Son obstruction est très-diminuée; il n'a plus d'étourdissement; il entend assez bien; &, pour me servir de ses termes, le mal s'est changé en bien, ſans qu'il ait éprouvé ni ſenſation, ni mouvement critique. Il eſt entré au traitement le 7 Juillet dernier.

Obſervation trentieme.

Mademoiſelle Latour, rue Saint-Remi, malade depuis douze ans, ſujette à des crachemens de ſang, avec toux, fievre lente, maigreur extrême, eſtomac délabré, obſtructions dans différens viſceres du bas ventre. Elle avoit fait en vain un grand nombre de remedes. Entrée au traitement le 10 Juillet, elle n'a pas tardé à en éprouver d'heureux effets; & malgré de fréquentes interruptions, la fievre & la toux ont ceſſé, le crachement de ſang eſt diſparu, les obſtructions ſont diminuées, l'appétit & les forces ſont revenus, enfin ſon état, ſinguliérement amélioré, promet une guériſon prochaine.

Cette malade eſt ſuſceptible de criſe magnétique.

Obſervation trente-unieme.

Pierre Morin, Porte-faix, attaché au bureau de la Poſte, âgé de trente-neuf ans, paralytique depuis le 2 Janvier dernier, à la ſuite d'une attaque d'apoplexie. La paralyſie s'étoit portée ſur tout le côté droit & ſur la langue. Le premier jour du traitement, il éprouva une crise convulsive qui délia la langue. Insensiblement ses forces sont revenues ; il se leve du lit, se couche seul, & il vient à pied au traitement, à l'aide d'un simple bâton. Il y est entré le 7 Juillet dernier.

Observation trente-deuxieme.

Marie Vivonne, rue Lavie, Cours d'Albret, âgée de 40 ans, avoit un asthme convulsif depuis quinze ans lors de sa seconde couche. L'application d'un vésicatoire entre les épaules détermina des convulsions & des douleurs atroces dans la poitrine. Deux cauteres aux jambes adoucirent un peu ces maux ; mais depuis cinq mois l'affection de poitrine ayant changé de caractere, il s'étoit déclaré une phthisie pulmonaire avec fievre, toux, enrouement & crachats purulens. Entrée au traitement le 7 Juillet dernier, elle en est sortie le 15 Août pour aller soigner son fils qui étoit très-malade. Elle étoit alors dans le meilleur état ; la fievre avoit cessé & les crachats n'étoient plus suspects.

Les inquiétudes de cette mere, ses pleurs continuels, & ses soins assidus auprès de son enfant, dont la maladie a été très-grave & très-longue, ont nui à sa convalescence ; & elle a reparu au traitement le 22 Septembre. Le nouveau bien-être qu'elle éprouve depuis ce moment, nous fait espérer une guérison prochaine.

Observation trente-troisieme.

Madame Tramon, rue du Petit-Cancera, étoit sujette depuis très-long-temps à une perte de sang utérine immodérée, avec fievre lente, perte totale de forces & d'appétit; son teint étoit d'un jaune foncé; elle souffroit d'une obstruction qui répondoit à l'ovaire gauche. Cette Dame avoit été magnétisée par l'un de nous pendant trois semaines avant de venir au traitement public, où elle entra le 9 Juillet. Deux mois après elle n'avoit plus de perte, le teint étoit éclairci, elle avoit acquis des forces, & elle a été en état d'aller à la campagne.

Observation trente-quatrieme.

Le sieur Cubillé, Tonnelier, âgé de trente-deux ans. Affection scorbutique ancienne, accompagnée de dyssenterie, traitée sans succès à Brest; gonflement aux articulations; inhabileté aux mouvemens; difficulté de respirer; amaigrissement général; défaut de sommeil & d'appétit; tel étoit l'état de ce malade lorsqu'il est entré au traitement le 8 Juillet dernier. Au bout de six semaines, ces différentes affections ont successivement diminué, au point de lui permettre de venir à pied au traitement, où il auroit sans doute recouvré une santé parfaite, s'il eût continué d'y assister.

Observation trente-cinquieme.

Le sieur Buffard, Musicien, Paroisse Saint-André, avoit l'esprit aliéné depuis près de trois ans; il avoit perdu totalement la mémoire; il ne pouvoit point parler, & avoit une roideur générale dans tout le corps, principalement dans tous les membres. Entré au traitement le 8 Juillet, & y ayant resté deux mois, il y a recouvré la mémoire, la parole, le mouvement, & la faculté de jouer de son violon, ce qu'il n'avoit pu faire depuis trois ans.

Observation trente-sixieme.

Pierre Boyer, Boucher, âgé de trente-cinq ans, Paroisse Saint-Seurin, affecté depuis douze ans de douleurs rhumatismales par tout le corps, & de surdité. L'affection rhumatismale avoit porté principalement sur les hanches, & avoit occasionné une courbure aux vertebres lombaires, & une roideur dans les articulations des cuisses & des genoux. Ce malade ne pouvoit pas s'asseoir, & il étoit réduit à rester couché ou debout appuyé ſur des potences. Le troiſieme jour du traitement l'articulation de la cuiſſe devint plus libre, & il put s'aſſeoir pendant quelques heures. Le dixieme jour il acquit aſſez de ſoupleſſe pour ſe baiſſer juſqu'à terre & ſe relever. Bientôt après il n'eut beſoin que d'une potence, & enfin il eſt parvenu à s'en paſſer. Aujourd'hui il vient à pied au traitement, & fait même des promenades très-longues, à l'aide d'un ſeul bâton. La ſurdité a diminué dans la même progreſſion. Il eſt entré au traitement depuis le 10 Juillet dernier.

Obſervation trente-ſeptieme.

M. de Balguerie fils, de Tonneins, âgé de ſeize ans, étoit affecté d'un *rachitis*, avec difficulté ou même impoſſibilité de ſe mouvoir, & de ſe tenir ſans aide; il avoit perdu la mémoire, & il rendoit difficilement ſes idées. Cette affection datoit de pluſieurs années. Au bout de deux mois & demi de traitement, ce malade a parfaitement repris ſes idées & recouvré ſa mémoire; il a acquis des forces, & a pu aller ſans aide. Il eſt parti ainſi ſoulagé pour aller paſſer l'automne chez lui, avec promeſſe de revenir perfectionner ſa guériſon.

Ce malade, après un mois de traitement, eut un dépôt critique qui se forma à l'un des gros orteils, & qu'on entretint pendant quelques jours.

Observation trente-huitieme.

Le nommé Jacques Ravin, Domestique, âgé de trente-deux ans, ayant servi à bord d'un vaisseau du Roi dans la derniere guerre, attaqué d'un rhumatisme général, avec des nodosités dans toutes les jointures, sur-tout au col, aux poignets, & aux articulations des doigts & des genoux, avec craquement des os au moindre mouvement, traité sans aucun succès pendant long-temps, & derniérement renvoyé comme incurable de l'Hôtel-Dieu Saint-André de Bordeaux, où il avoit resté quatre mois. Magnétisé par l'un de nous d'une maniere isolée, il s'est trouvé bientôt en état d'être transporté au traitement le 4 Novembre, & huit jours après, d'y venir seul & à pied. Ce malade est aujourd'hui (25 Novembre) dans le meilleur état, & nous espérons que sa guérison sera très-prochaine.

Observation trente-neuvieme.

M. Louis Gairaud, Négociant de Narbonne en Languedoc, âgé de quarante-cinq

cinq ans, ſourd depuis trente-trois ans. Il éprouvoit ſeulement dans les changemens de temps un bourdonnement d'oreille, & & un état de malaiſe dans la tête. Il étoit venu à Bordeaux dans le temps de la derniere foire d'Octobre. Magnétiſé d'une maniere iſolée par l'un de nous, & pendant quelques minutes, il entendit le même jour & le ſon des cloches, & la voix des gens qui lui parloient; il ſe plaignit même de ce qu'on parloit trop haut, prétendant que le grand bruit lui faiſoit mal. Cet état dura deux heures, après leſquelles il retomba dans ſon état primitif. Ce premier effet l'engagea à prolonger ſon ſéjour dans cette Ville. Il a paſſé quinze jours au traitement, & l'a quitté à regret; mais avec un ſoulagement marqué, qui ſemble lui promettre une guériſon parfaite lorſque les circonſtances lui permettront de reprendre le même traitement.

Obſervation quarantieme.

Catherine Bordenave, âgée de trente-quatre ans, étoit, ſuivant les atteſtations les plus authentiques, attaquée depuis huit ans de mouvemens convulſifs dans tout le corps : ceux du bas-ventre, de la poitrine, & ſur-tout du goſier, étoient extraordinaires & preſque effrayans pour ceux qui en étoient témoins. La chose étoit au point d'avoir donné lieu à des bruits populaires, en supposant une cause surnaturelle pour expliquer un effet physique. Cette malade fut admise au traitement le 16 Octobre. Au bout d'un mois, les symptômes ci-dessus énoncés ont entiérement cessé. Il ne reste plus qu'à consolider la guérison, par un peu de persévérance à continuer l'usage du Magnétisme. Les détails qui ont précédé l'admission de la nommée Catherine Bordenave, sont assez singuliers pour mériter peut-être un jour d'être mis sous les yeux du Public.

Observation quarante-unieme.

Mademoiselle Susanne Lamarque, vis-à-vis la maison seule, fossés de Bourgogne, âgée de dix-sept ans, avoit éprouvé pendant plusieurs années des attaques de rhumatisme avec fievre. Un Médecin très-expérimenté de cette Ville avoit employé pour les combattre un grand nombre de remedes parfaitement indiqués, malgré lesquels cette maladie n'avoit pas laissé de durer trois ou quatre mois, & de procurer à cette jeune malade des douleurs cruelles. Au mois de Juillet dernier, elle éprouva une attaque semblable à celle des années précédentes. Les bras & les jambes étoient perclus, & presque toutes les articulations étoient enflées. Magnétisée d'une maniere isolée une seule fois chaque jour, & pendant une demi-heure à chaque séance, il se détermina des sueurs abondantes, & elle fut parfaitement guérie en neuf jours.

Observation quarante-deuxieme.

Le sieur Briol, Concierge du Palais, avoit les glandes du cou tellement engorgées, qu'il ne pouvoit avaler depuis six jours, & qu'il se trouvoit dans l'impossibilité de parler depuis trois jours. Il avoit essayé bien des remedes; il se détermina à recourir au Magnétisme animal, & s'adressa à l'un de nous au mois de Juin dernier vers les dix heures du soir. Il étoit sans fievre. Magnétisé pendant huit minutes d'une maniere isolée, en présence de deux Négocians de cette Ville, il recouvra, à son grand étonnement, l'usage de la parole. Il revint le lendemain le matin & le soir. Dans cette derniere séance, on annonça la présence d'un abscès qui creveroit dans la nuit. L'événement justifia la prédiction : le malade rendit une grande quantité de pus, & se trouva parfaitement guéri.

Observation quarante-troisieme.

Madame rue Bouhaut, souffroit depuis quelque temps des douleurs très-vives dans la partie gauche de la tête, avec des vertiges. L'œil étoit surtout très-affecté, ses digestions étoient dérangées. Ces différens maux étoient dus à une fluxion catarrale à laquelle elle est sujette. Elle fut magnétisée pendant quelques jours d'une maniere isolée, & ce remede dissipa cette fluxion.

Observation quarante-quatrieme.

L'un des gens de M. d'Augeard, Président à Mortier au Parlement de Bordeaux, a été guéri en deux jours, par le Magnétisme animal, d'une colique bilieuse qui duroit depuis huit jours, & pour laquelle on avoit employé un grand nombre de remedes. M. le Président d'Augeard, & le Chirurgien de sa maison, ont été témoins de cette cure.

Observation quarante-cinquieme.

Madame près le Jardin Public, souffroit depuis cinq jours d'une colique venteuse. Le ventre étoit tendu, très-douloureux; la malade ne dormoit point; &, malgré les remedes convenables, ſon Chirurgien n'avoit pu déterminer aucune évacuation. Le Magnétiſme animal les décida ; il procura du ſommeil, & trois ſéances ſuffirent pour cette cure.

Obſervation quarante-ſixieme.

Mademoiſelle N. . . . . . Femme de Chambre chez M. W-P-French, Négociant aux Chartrons, ſe trouva priſe au mois de Juin dernier d'un rhumatiſme général. Il avoit été déterminé par une tranſpiration ſupprimée. La malade ne pouvoit ni marcher ni travailler. Elle fut magnétiſée d'une maniere iſolée, & quatre ſéances, en deux jours de temps, lui rendirent l'uſage de ſes membres & la ſanté.

Obſervation quarante-ſeptieme.

Demoiſelle Louiſe N. . . . . âgée de neuf ans, chez Madame Lafontaine, près de l'Archevêché, étoit malade depuis trois jours lorſque l'un de nous fut appellé. Une fievre vive, le délire, & autres ſymptômes, annonçoient une petite vérole de mauvaiſe eſpece. Quelques boutons paroiſſoient déjà. Une ſaignée au pied, & une priſe de poudre antimoniale, furent les ſeuls remedes que l'on put employer. L'éruption fut exceſſivement confluente. La malade fut traitée par le Magnétiſme. On joignit quelques boiſſons rafraîchiſſantes. Cette petite vérole parcourut ſes périodes ſans le plus léger accident ; les douleurs & les méſaiſes inſéparables d'une pareille maladie furent imperceptibles. La convaleſcence fut très-courte, & la cure fut terminée par un léger purgatif.

Nota. L'Auteur de cette obſervation a eu pluſieurs fois occaſion de reconnoître l'efficacité du Magnétiſme animal dans la petite vérole. Depuis qu'il l'a employé, il n'a vu ſurvenir ni dépôts ni autres ſuites de cette maladie cruelle. Il a cru s'appercevoir que la ſuppuration en étoit hâtée & perfectionnée. Il a fait encore des remarques bien favorables à la nouvelle méthode, au ſujet des enfans inoculés. Il eſt venu à bout de chaſſer, ſans retour & ſans remedes, de légers accidens qui alarmoient des parens, parce qu'on ne veut point en voir dans l'inoculation. Eh bien, il oſe l'aſſurer : l'inoculation, aidée du Magnétiſme animal, va devenir & plus ſimple & plus ſûre. L'importance de l'une & de l'autre méthode ne peut être comparée ; cependant elles ont entr'elles des caracteres de reſſemblance aſſez frappans : toutes deux ſont infiniment utiles & eſſentielles aux hommes ; toutes deux ſont combattues avec acharnement, peut-être avec mauvaiſe foi ; toutes deux, ſans doute, ſurvivront à leurs détracteurs, & ſeront réunies pour le bonheur & la conſervation de l'eſpece humaine.

Obſervation quarante-huitieme.

M. Beaumes, Négociant de Clermont

de Lodeve en Languedoc, avoit contracté, dans le voyage qu'il avoit fait pour se rendre à Bordeaux lors de la derniere foire d'Octobre, une ophtalmie à l'œil gauche, avec engorgement très-considérable de la paupiere supérieure. Il avoit déjà tenté plusieurs remedes. Magnétisé d'une maniere isolée pendant deux ou trois minutes, il éprouva au même instant un bien-être sensible, & peu d'heures après il se trouva guéri.

Observation quarante-neuvieme.

M. Ruiller-Bellevue, Américain, âgé de quatorze ans, Pensionnaire chez Madame Dubreuil, rue Reniere, fut attaqué d'une fievre bilieuse putride le 31 Octobre dernier. Le malade étoit tourmenté par des nausées, des irritations d'estomac; il étoit oppressé; il avoit un point très-douloureux à la poitrine; il toussoit & crachoit un sang bilieux; il souffroit de la tête; il étoit presque continuellement en délire; son pouls étoit souvent foible & concentré. Tels étoient les principaux symptômes. Après avoir été convenablement évacué, il fut livré à la seule influence du Magnétisme animal deux fois par jour, demi-heure le matin, demi-heure le soir. Chaque séance renforçoit le pouls

& calmoit le délire. Le ſeptieme jour il ſe déclara une criſe abondante par les ſueurs, les crachats & les ſelles. Elle dura deux jours, & fut complette. Le malade ſe trouva guéri.

Nota. La nature a ſouvent déterminé des criſes auſſi heureuſes dans les fievres aiguës. L'Auteur de cette Obſervation en convient. Mais il doit faire remarquer que cette maladie, aſſurément très-vive, très-alarmante, a été guérie ſans ſaignées, malgré l'affection de la poitrine, le crachement de ſang, l'inſomnie, le délire frénétique, qui dura quatre jours & cinq nuits; a été guérie preſque ſans remedes; a été complétement jugée le ſeptieme jour; & que le malade, ſans avoir paſſé par le temps de la convaleſcence, s'eſt trouvé tout-à-coup plein de force, & en état de partager les amuſemens de ſes jeunes camarades.

Nota. Nous avons reconnu l'efficacité conſtante du Magnétiſme animal dans pluſieurs maladies des femmes, comme ſuppreſſion des regles, fleurs blanches, & autres déſordres produits par l'irrégularité du flux menſtruel. Mais nous nous ſommes vus forcés de ſupprimer, par délicateſſe, la plupart des détails concernant ces maladies; & nous avons dû céder d'ailleurs à celle des malades, qui ne nous ont pas permis de rendre publiques des guériſons de ce genre.

Le traitement des pauvres, qui a été le plus ſuivi, auroit pu nous fournir un grand nombre d'obſervations intéreſſantes, ſi nous avions pu retrouver tous les individus qui ont réclamé nos ſoins. Pluſieurs, notablement ſoulagés, & ſe trouvant aſſez bien pour ſe diſpenſer de venir au traitement, n'ont plus reparu. Ils nous ont empêché par-là de perfectionner & de consolider leur guérison ; & nous n'avons pas cru devoir en faire mention.

Une troisieme cause, qui nous a ravi des succès probables, c'est l'impatience ou la fausse prévention de certains malades, qui venoient au traitement dans la croyance d'être guéris sur le champ, & qui n'éprouvant pas des effets aussi prompts qu'ils l'espéroient, se sont rebutés dès les premiers jours : ils ignoroient qu'il y a des maux qui exigent un traitement long, assidu, & qui ne cedent enfin qu'à une constance soutenue.

LETTRE de M. le Vicomte DUHAMEL, *Lieutenant de Maire de la Ville de Bordeaux, à M.* ARCHBOLD, *Docteur en Médecine.*

Bordeaux, le 30 Novembre 1784.

COMME Eleve de M. Mesmer, & zélé partisan du Magnétisme, je veux concourir, mon cher Docteur, autant qu'il est en moi, à l'ouvrage que vous préparez pour la conviction des incrédules, s'il en reste encore.

Je pourrois vous citer de nombreuses cures que j'ai opérées, & que j'opere tous les jours ; mais je ne veux pas vous ennuyer d'un détail de petits faits qui n'auroit rien que de très-ordinaire. Je me borne donc au récit de deux guérisons qui offrent des caracteres peu communs, & que je crois, par cette raison, dignes de figurer parmi les guérisons les plus célebres.

Je suis, &c.

Observation premiere.

La nommée Antoinette, âgée de vingt-cinq ans, fille du Bedeau de la Paroisse Puypaulin, fut attaquée il y a environ cinq ans d'un rhumatisme qui se manifesta du côté du cou, & qui devint général au moyen des remedes qu'on lui fit prendre. Après avoir épuisé toutes les ressources de la Faculté, on lui ordonna les eaux, qui aggraverent sa maladie. Je la trouvai dans son lit avec la fievre; remplie d'obstructions, de grosseurs le long des reins; un dégoût universel; plus de sommeil; une crispation générale; sa tête tournée du côté droit, & ne pouvant la remuer sans les douleurs les plus aiguës; avec une maigreur qui tendoit à l'éthisie; n'invoquant que la mort, comme le seul terme à ses maux. L'humanité l'emporta sur la crainte qu'elle ne pérît entre mes mains. Je la magnétisai. Au bout de quatre jours la fievre cessa; elle fut en état de sortir de son lit. Chaque jour produisit les meilleurs effets : les obſtructions, les groſſeurs diſparurent ſous mes doigts ; la tête reprit ſon mouvement ; le ſommeil, l'appétit & la gaieté revinrent. Au bout d'un mois elle a repris ſon embonpoint, ſes occupations ordinaires ; & elle profite de tous les amuſemens de ſon âge, comme avant ſa maladie. Il ne lui reſte qu'une tenſion dans un des muſcles du cou, qui n'empêche pas le mouvement de la tête. Ce muſcle étoit plus gros que le pouce, dur, & extrêmement ſenſible ; il a conſidérablement diminué & s'eſt ramolli. Elle vient quelquefois à préſent à mon traitement (1), ce qui diſſipera bientôt le reſte de tenſion. Il eſt bon d'obſerver qu'elle a eu les criſes les plus extraordinaires & les plus rares : elle devinoit les maladies des perſonnes qu'elle touchoit, indiquant très-bien les remedes propres à les guérir. Tous ces faits peuvent être atteſtés par nombre de gens de l'art, & de perſonnes conſidérables de cette Ville, qui ſont venus par curioſité aſſiſter à ce traitement, & qui ont été témoins de ces phénomenes.

---

(1) La Société a cru devoir accorder à M. le Vicomte Duhamel la liberté d'avoir chez lui un réſervoir magnétique.

Observation seconde.

La nommée Brigitte, Mulâtresse, agée de vingt-six ans, sujette à des maux de nerfs considérables, en eut une attaque si violente pendant vingt-quatre heures, qu'elle éprouvoit des convulsions effrayantes, auxquelles s'étoit joint un mal d'oreille qui lui faisoit jeter des cris affreux. On vouloit lui appliquer les vésicatoires, lorsqu'on me pria de la voir à dix heures du soir.

Ses douleurs étoient si aiguës, que plusieurs personnes la tenoient pour empêcher qu'elle ne se cassât la tête contre la muraille. Je la magnétisai à quinze pieds de distance, ce qui lui fit éprouver une sensation subite qui la fit lever de son fauteuil. Ayant continué en m'approchant par degrés, je parvins, après l'avoir mise dans une crise violente qui dura cinq à six minutes, à l'appaiser totalement & même à l'endormir. Je la fis mettre au lit, où elle dormit tranquillement pendant huit heures, & se réveilla sans douleur & sans aucune idée de ce qui s'étoit passé la veille. Je la magnétisai encore dans la matinée; elle retomba en crise, mais moins violente. Au bout de quelques minutes elle eut un sommeil qui dura quatre heures, & se réveilla de nouveau avec beaucoup d'appetit : elle paſſa cette nuit à merveille, & le lendemain vaqua à ſes travaux ordinaires. Depuis cette époque elle n'a reſſenti ni criſpation ni douleur à l'oreille ; ſon eſtomac, qui étoit dans le plus grand délabrement, eſt entiérement rétabli. Dix ou douze perſonnes furent témoins de cette cure, & pourroient en atteſter la vérité.

LETTRE de M. DE PRUNES DUVIVIER, *Conſeiller en la Grand'Chambre du Parlement de Bordeaux, à M.* ARCHBOLD, *Docteur en Médecine à Bordeaux.*

De Langon, le 16 Novembre 1784.

VOus le ſçavez, mon cher Docteur, Galilée fut perſécuté pour avoir éclairé les hommes. Meſmer veut aujourd'hui les ſervir en les éclairant. La mode a changé, on le perſiffle, on le chanſonne, on le ridiculiſe. Les Montgolfiers, les Charles, les Roberts, euſſent ſans doute éprouvé le même ſort, ſi leur découverte plus perfectionnée eût pu nuire aux Entrepreneurs privilégiés des meſſageries & des fiacres.

Il exiſte un nouveau moyen de ſoulager

l'humanité : la bienfaisance peut l'employer en tout temps, en tous lieux, sans préparation, sans drogues, sans frais ; il est simple ; il est à la portée de tout le monde. En faut-il davantage pour le proscrire ?

Qui le croiroit ? pendant que, par l'effet du Magnétisme animal, j'opérois une cure presque miraculeuse, sous les yeux d'un Chirurgien de Village, il avoit l'impudence de me dire, que *quand même il seroit instruit, ce qu'à Dieu ne plaise ! il se donneroit bien de garde d'user de ce moyen.* Un Moine plus éclairé que lui sans doute le tenoit pour diabolique. Je l'ai vu fuir à la seule proposition de le soulager d'un mal de tête dont il souffroit habituellement ; & ce sont là les détracteurs de Mesmer !

Publions-là cette cure, mon cher Docteur, non pour m'en faire un mérite, il est tout à Mesmer ; mais pour concourir, s'il est possible, au soulagement des malheureux, en leur inspirant une juste confiance.

J'étois allé passer les fêtes de la Toussaint à la campagne, à quatre lieues de Bordeaux. A peine arrivé, je fus sollicité de voir dans un Bourg voisin la femme d'un Maréchal ferrant, qu'on me dit être prise d'un rhumatisme universel. Je résista d'abord, parce que mes affaires me rappellant à la Ville, je jugeai le temps que je pouvois donner à ſon traitement trop court pour en obtenir un effet avantageux du Magnétiſme animal. Cependant les inſtances de quelques perſonnes qui s'intéreſſoient à cette femme devinrent ſi preſſantes, que je ne pus y réſiſter.

Je trouvai en effet la malade dans l'état où l'on me l'avoit dépeinte. C'étoit une femme d'environ trente ans, & nourrice: elle pouvoit à peine tourner les yeux ſans ſouffrir horriblement; ſes mains & ſes pieds étoient enflés; tout ſon corps étoit pris; ſon état faiſoit pitié. Elle m'aſſura que depuis trois ſemaines environ que duroit ſa maladie, elle n'avoit fermé la paupiere. Les douleurs de tête étoient inſupportables. Je la magnétiſai. Il n'y avoit pas un quart-d'heure qu'elle étoit dans mes mains, qu'elle s'endormit profondément. Son ſommeil dura quatre heures. Je revins le lendemain, ſa tête étoit alors totalement dégagée. Après cinq à ſix ſéances d'une heure chacune, & deux ſéances par jour, j'apperçus un mieux ſi marqué, que je réſolus de différer mon départ, dans l'eſpoir de rendre bientôt la ſanté à la malade.

Je ne fus point trompé dans mon attente, Monſieur: les huit jours n'étoient pas écoulés, que j'eus la satisfaction de la voir parfaitement rétablie.

C'est dans cet état que je la laissai, après lui avoir fait prendre une médecine de trois onces de manne fondue dans du lait (1).

Je joins à ma lettre le certificat de cette guérison; vous verrez par sa date qu'il a été fait pendant mon absence. J'y joins aussi celui d'une autre cure opérée quelque temps auparavant par le même remede & dans le même lieu.

Je suis, &c.

Nous soussignés certifions que le jour de la Toussaints nous avons vu la nommée Marie Soiseau, âgée d'environ trente ans, & nourrice, prise d'un rhumatisme par tout le corps, les mains prodigieusement enflées, ne pouvant faire aucun mouvement sans souffrir des douleurs très-vives, & qu'elle assura, en notre présence, n'avoir pu reposer depuis quinze jours environ qu'elle étoit attaquée de cette maladie; que ce jour-là même M. Prunes, Conseiller de Grand'Chambre du Parlement de Bor-

(1) Pendant tout le temps qu'a duré le traitement, & jusqu'à parfaite guérison, la malade n'a jamais éprouvé d'effet apparent du Magnétisme.

deaux, étant venu chez elle, à la sollicitation de quelques-uns de nous, elle dit, après un certain temps de magnétisme, être délivrée du mal de tête dont elle souffroit auparavant; qu'elle s'endormit entre ses mains, & que son sommeil dura quelques heures; que depuis ayant été magnétisée deux fois par jour, une heure environ chaque fois, elle a toujours été de mieux en mieux, & qu'enfin au bout de huit jours elle a été guérie. M. Prunes ayant jugé à propos de terminer ce traitement par une médecine composée seulement de manne & de lait écrêmé, laquelle médecine a été suivie d'une seconde deux jours après, M. Prunes étant parti pour retourner à Bordeaux. Fait à la Sauve, le 14 Novembre 1784. *Signés* PINSAN, Curé de la Sauve, DUFAURE DE GERES, DEMPTOR LAVAUD, SUSANNE MONEREAU DE GAUFRETEAU, & DE GERES.

Je certifie à tous ceux qu'il appartiendra, que la nommée Castera, Domestique, étoit attaquée d'une inflammation aux yeux depuis le mois d'Avril dernier; qu'elle avoit employé beaucoup de remedes sans pas un succès; que vers le mois de Juillet, M. Prunes, Conseiller en la Cour, ayant vu cette fille par hasard, fut touché de ſon état, & lui offrit de la magnétiſer. Elle le fut pendant dix à douze jours, & ſes yeux furent guéris radicalement ; ce que j'affirme véritable, A la Sauve, ce 15 Octobre 1784, *Signés* PINSAN, Curé de la Sauve ; DERNOUX, Juge ; DEMPTOR-LAVAUD ; DE GERES, & le Chevalier DE GERES, Officier au Régiment de Languedoc, Infanterie.

LETTRE de M. FROGER DE LA RIGAUDIÈRE, Capitaine de Vaiſſeau, Chevalier de l'Ordre de St. Louis, à M. ARCHBOLD, Docteur en Médecine.

VOUS me demandez, mon cher Docteur, le détail des cures que j'ai faites. Je vais les décrire en Officier de marine qui ſoulage & guérit les malheureux beaucoup mieux qu'il ne ſçait détailler leurs maladies. Si j'avois pu prolonger mon ſéjour à la campagne, il eſt probable que j'euſſe obtenu de plus grands ſuccès. Si je retrouve mes malades le printemps prochain, comme je l'eſpere, je pourrai vous envoyer de nouvelles obſervations propres à faire honneur à la doctrine que nous profeſſons.

Je ne vous envoie que le détail de neuf

guérisons; j'en ai opéré beaucoup davantage; mais dans le moment pressé où je vous écris, il m'est impossible d'en obtenir la certitude. Il faudroit aller courir dans les Paroisses voisines, & je n'en ai pas le temps.

Adieu, mon cher Docteur, je vous aime & vous estime bien sincérement, & suis tout à vous.

Votre très-humble & très-affectionné serviteur,

Le Chevalier FROGER DE LA RIGAUDIERE.

A Camblanes, le 30 Octobre 1784.

OBSERVATION PREMIERE.

Pierre Cordes, paroisse de Camblanes, âgé de dix-neuf ans. Mal aux yeux habituel, inflammation considérable. Guéri en huit jours de traitement.

Observation deuxieme.

Marie Baudette, enfant de vingt mois, paroisse de Camblanes, dévorée par une fievre lente depuis treize mois. Guérie en huit jours.

Observation troisieme.

Catherine Jourdin, âgée de huit ans, paroisse de Camblanes. Fievre quarte depuis trois mois. Guérie en six jours.

Observation quatrieme.

Pierre Cornau, âgé de douze ans, même Paroisse. Rhumatisme à la cuisse avec fievre. Entré au traitement le 27 Septembre, guéri le 30 Octobre. Il est venu fort irréguliérement.

Observation cinquieme.

Veuve Duga, même Paroisse, âgée de cinquante ans. La fievre depuis long-temps, un mal à la tête considérable. Guérie dans trois jours.

Observation sixieme.

Guillaume Duga, âgé de quarante-cinq ans, même Paroisse. La fievre intermittente. Guéri dans quatre jours.

Observation septieme.

Bernard Dartes, âgé de quatorze ans, même Paroisse. La fievre depuis treize mois. Guéri dans quinze jours.

Observation huitieme.

Jeanne Gossin, âgée de quarante ans, même Paroisse. Mal à l'estomac depuis quatre ans, mal réglée. Guérie parfaitement dans trois jours.

Observation neuvieme.

Marie Castillon, âgée de quarante ans, même Paroisse. Obstruction dans la matrice, grosse comme un œuf & beaucoup plus longue, d'après l'apparence extérieure. MM. Mestivier & Fourcade, Chirurgiens de Bordeaux, lui avoient conseillé les eaux, comme l'unique ressource. Venue au traitement le 27 Septembre, & radicalement guérie le 30 Octobre.

Cette malade étoit susceptible de crise magnétique. La partie obstruée étoit si douloureuse, qu'elle ne pouvoit dormir sur le côté droit, où étoit l'obstruction. Le huitieme jour du traitement, il se déclara une perte blanche, qui huit jours après devint jaune, plus épaisse & plus abondante, sur-tout lorsqu'elle étoit autour du réservoir magnétique. Peu à peu la perte devint rouge, & puis noire, & en épaississant toujours au point de sortir par grumeaux. Cette évacuation se soutint ainsi très-abondamment pendant douze jours, au bout duquel temps elle s'arrêta. Dès ce moment la malade n'eut plus de grosseur, plus de sensibilité, le teint de la malade s'est éclairci, l'appétit, le sommeil & toutes les fonctions animales ont repris leur cours, comme en parfaite santé.

Mademoiselle Victoire Danzas, à Cachac, Paroiſſe de Cantenac en Médoc, avoit depuis deux ans une toux ſeche. Elle rendoit tous les matins des crachats verdâtres & ſuſpects, elle ne pouvoit marcher ou faire le plus léger exercice ſans eſſoufflement, elle éprouvoit des douleurs dans la poitrine, elle avoit maigri, &c. Elle avoit pris pluſieurs fois, ſans ſuccès, du lait & différentes boiſſons pectorales; elle étoit encore à l'uſage de ces dernieres. Magnétiſée à trois différentes repriſes dans l'eſpace de 24 heures, le 10 Novembre, dès ce moment ſa toux a ceſſé, les crachats ont conſidérablement diminué, & n'ont plus eu une mauvaiſe apparence, elle a pu ſans eſſoufflement faire de l'exercice, &c.; enfin ſon état eſt tellement amélioré, qu'on peut lui faire eſpérer la guériſon la plus parfaite, ſi elle ſe livre encore au traitement magnétique. (*Obſerv. communiquée par M.* ARCHBOLD.)

OBSERVATIONS *communiquées par* M. DE GALATHEAU.

OBSERVATION PREMIERE.

LE nommé Canteloup, habitant de la paroiſſe de Gradignan, ſe trouva ſaiſi, dans les premiers jours du mois d'Août dernier, d'une douleur très-vive au-deſſus de la hanche, & qui s'étendoit le long de la cuiſſe, en ſuivant juſqu'au-deſſous du genouil. Il ſouffroit cruellement le jour & la nuit, & ne pouvoit marcher qu'à l'aide d'un bâton. Dans cet état, qui duroit depuis dix jours, il eut recours au magnétiſme animal. Les effets en ont été ſi prompts, que dans moins de vingt-quatre heures ledit Canteloup fut non-ſeulement ſoulagé, mais entiéremenr guéri, & n'a plus reſſenti aucune eſpece de douleur.

Obſervation ſeconde.

Le nommé Arnaudet, habitant de la paroiſſe de Quinſac, étoit tourmenté depuis ſix mois d'une douleur de rhumatiſme dans les reins. Il avoit employé vainement toute eſpece de remedes; il ne dormoit point, & ne pouvoit travailler; cet homme a été magnétiſé à ſix repriſes dans deux jours, & cela a suffi pour le guérir entiérement.

Observation troisieme.

La nommée Jeanne, femme de Gibert, de la paroisse de Gradignan, a été entiérement guérie d'une douleur considérable dans les reins, qu'elle gardoit depuis quinze mois, par le secours du magnétisme animal : il n'a fallu que huit jours; elle dort, mange & travaille à merveille.

Observation quatrieme.

Le nommé Amand, habitant de la paroisse de Gradignan, étoit perclus de tous ses membres d'un rhumatisme goutteux; on a commencé à le magnétiser il y a cinq semaines; au bout de huit jours il a été en état d'empoigner une serpe qu'il ne pouvoit tenir d'aucune main; il n'a pas manqué une seule journée de tailler la vigne depuis la Toussaint; il marche très-aisément, ses pieds étant désenflés; il sent encore un peu de douleur dans les talons, lorsque le temps est humide; mais cela ne l'empêche point de travailler.

Observation cinquieme.

La nommmée Mathurine, veuve de Sansbesoin, de la paroisse de Gradignan, a été guérie entiérement d'une douleur conſtante dans le côté, au bout de cinq ou ſix jours de traitement.

Obſervation ſixieme.

Une petite fille de la paroiſſe de Gradignan, âgée de dix ans, étoit devenue impotente pour avoir fait une chûte ſur la glace le mois de Février dernier ; on la magnétiſe depuis trois ſemaines avec quelque ſuccès, en ce que la cuiſſe & la jambe ont pris plus de chair, & qu'elle commence à appuyer le pied par terre. Elle ne peut marcher qu'à l'aide d'un bâton ; mais lorſque l'on a commencé ſon traitement, elle étoit hors d'état de s'en ſervir ; il falloit la porter par-tout où elle deſiroit d'aller ; elle reſſent de temps en temps les douleurs les plus vives, & lorſqu'elles ont paſſé, on la trouve mieux qu'elle n'étoit avant ces criſes.

Nota. Pluſieurs enfans de la Paroiſſe de Gradignan ont été guéris de la fievre par le moyen du Magnétiſme animal. On ne parle point des maux de tête & autres incommodités légeres qu'il a diſſipées.

On a entrepris dans cette Paroiſſe d'autres malades ſur leſquels on n'a pas éprouvé des ſuccès auſſi prompts ; mais l'on eſt fondé à eſpérer leur guériſon.

OBSERVATIONS communiquées par M. BOULLÉ, Négociant.

OBSERVATION PREMIERE.

LA Dame veuve Guitard, âgée de quarante-neuf ans, éprouvoit depuis six mois des douleurs vagues dans toute l'habitude du corps. Ces douleurs ayant été déterminées par une chûte que fit la malade, se fixerent sur le côté droit, & lui ôterent l'usage de la jambe & du bras, ainsi que le mouvement de la hanche, en sorte qu'elle se trouvoit dans un état de paralysie commençante. Ce fut dans ces circonstances qu'on la magnétisa. Dès le premier jour elle recouvra la liberté du bras; les autres douleurs céderent à un traitement de huit séances, & disparurent enfin pour ne plus revenir.

Ce qu'il y eut de particulier dans cette cure, c'est que l'humeur poursuivie, pour ainsi parler, par la puissance victorieuse du magnétisme, fuyoit devant lui de poste en poste, & fut enfin s'établir à la jambe gauche, d'où elle fut délogée par un léger effort.

Cette malade, quoique ſenſible, n'a point eu de criſes, & n'a reſſenti qu'une chaleur douce & vivifiante qui ſe répandoit dans toutes les routes de la circulation.

Obſervation deuxieme.

La demoiſelle Guitard, fille de la précédente, âgée de vingt-ſix ans, avoit depuis quatre ans une inflammation dans l'œil droit, occaſionnée par la ſurabondance du ſang qui s'y portoit, & qui y avoit formé un petit dépôt apparent & de la groſſeur d'une tête d'épingle. Cette Demoiſelle ne voyoit qu'avec peine de cet œil, & n'appercevoit les objets que d'une maniere obſcure, comme on les voit au travers d'une gaze épaiſſe.

Elle a été guérie dans l'eſpace de trois ſemaines par l'application du magnétiſme & l'uſage de l'eau magnétiſée.

Cette guériſon difficile & précieuſe par la nature de la maladie, s'eſt opérée ſans que la malade ait jamais rien reſſenti qui pût lui indiquer l'exiſtence de l'agent qui exerçoit ſa puiſſance ſur elle. Ce qu'il y a eu de remarquable, c'eſt que le traitement ayant été ſuſpendu pendant trois jours, les accidens reparurent avec la même intenſité, quoiqu'ils euſſent été déjà diſſipés en partie. Une exactitude plus ſuivie termina la cure, qui eſt achevée depuis trois mois, ſans qu'il y ait eu de rechûte qui exigeât de nouveaux ſecours.

Nota. La demoiſelle Guitard avoit eu les véſicatoires aux oreilles, & s'étoit fait ſaigner au pied l'hiver précédent, pour détourner le cours de l'humeur; mais ces remedes n'avoient pas rendu ſon état meilleur.

LETTRE d'un Eleve de M. MESMER *à la Société de l'Harmonie de Bordeaux, en lui envoyant l'Ouvrage de M,* DE JUSSIEU *ſur le Magnétiſme animal.*

Paris, le 29 Septembre 1784.

MESSIEURS,

JE me hâte de vous adreſſer un exemplaire du rapport de M. de Juſſieu: la réputation de lumieres & de probité dont jouit ce célebre Académicien, va ſans doute raffermir un peu tant de têtes légeres qu'avoient bouleverſé le chef-d'œuvre des Commiſſaires.

Voilà deux fois de nos jours que MM. les doctes auront prouvé au Public avec quelle bonne foi & quelle ſagacité ils luttent contre les opinions nouvelles: combien n'avoient-ils pas berné M. Thouvenel ſur ſa bonhommie à croire & vouloir expliquer les phénomenes des ſorciers ? Bleton étoit un charlatan, & ſes obſervateurs des dupes : aujourd'hui l'on aſſure que le Gouvernement tient à ſes gages cet homme ſingulier ; le Public & même les Académies croient *in pecto* au Bletoniſme ; le deſpotiſme ſcientifique eſt enfin repouſſé par la vérité ; le même échec attend les détracteurs du Magnétiſme animal ; il faudra croire à ſes effets comme à ceux de l'électricité. Nous aurons le plaiſir d'enrôler un jour ces noms, qui, dans l'eſprit de ceux qui aiment mieux croire qu'obſerver, donnent tant de poids au rapport de la Faculté. Ce ſera l'inverſe de l'hiſtoire de Bleton : pluſieurs Sçavans confeſſerent d'abord publiquement avoir vu & bien vu les expériences ; peu de temps après *ils ſignerent des procès-verbaux tout contraires.*

La raiſon de cette inconſéquence eſt aſſez ſimple : les ſenſations de Bleton ont pu quelqueſois paroître en défaut, ainſi que celles des malades magnétiſés ; mais, comme l'a très-judicieuſement obſervé M. de Juſſieu, un fait *poſitif & prouvé* détruit mille faits négatifs.

Combien va être paſſager le petit triomphe de MM. les Journaliſtes ! Que deviendront les gentilleſſes *très-impartiales* du Mercure, les jolies phraſes du Journal de Paris, les groſſes injures du Courier de l'Europe, l'être du monde qui doit le plus d'encens à la crédulité? Enfin, que dira-t-on du ton tranchant des valets de chambre qui exploitent pour la Province ces griffonnages que l'on nomme buletins? Nous pouvons, Meſſieurs, diſpenſer les Sçavans, demi-Sçavans & quart-de-Sçavans de la pitié dont ils vouloient bien nous honorer, & croire encore un peu plus ce que nous verrons, que ce qu'ils nous diſent. *

Contre l'opinion de M. de Juſſieu & celle de quelques Eleves de M. Meſmer, je penſe que la propagation de la découverte a exigé que l'on jettât d'abord un voile un peu myſtérieux ſur la choſe : on attache trop ſouvent peu de prix à ce qui eſt ſous la main de tout le monde, & c'eſt quelquefois un art utile, que de ſçavoir mettre l'amour-propre dans les intérêts de la vérité; d'ailleurs, pour expoſer la doctrine à l'attaque des corps, il falloit en créer un voué à la défendre. Je conclus

---

* Les Journaux n'ont pas encore rendu compte du rapport de M. de Juſſieu, imprimé depuis deux mois. Quelle eſt la cauſe de ce ſilence?

donc que le Public a dû jouir plus tard pour jouir plus ſolidement.

J'ai l'honneur d'être avec reſpect,

MESSIEURS,

Votre tres-humble & tres-obéiſſant ſerviteur,

D. D******.

P. S. On répete juſques à la ſatiété que M. Meſmer vend ſa découverte; il faut que le Public ſçache une bonne fois que la rétribution accordée eſt une eſpece de ſouſcription ouverte par les premiers Eleves qui formerent le noble projet d'aſſurer *à leurs fraix* l'exiſtence d'un homme célebre & perſécuté. Si ſa fortune réelle étoit connue, il ſeroit facile de prouver combien ſont ridiculement exagérés les prétendus tréſors qu'on lui ſuppoſe : une foule de faits dépoſent avec quelle généreuſe facilité M. Meſmer eſt toujours prêt à ſe relâcher des droits qui lui furent créés par l'eſtime de ſes diſciples.

LETTRE de M. l'Abbé DE POULOUZAT *à MM. de la Société de l'Harmonie à Bordeaux.*

MESSIEURS,

JE me hâte de vous envoyer les détails que M. le Comte Maxime de Puyſegur vient de m'adreſſer de Bayonne ; vous y trouverez joints & conſtatés de la maniere la plus ſatisfaiſante les certificats de nombre de cures ou ſoulagemens aſſez marqués pour faire le plus grand honneur à la doctine de M. Meſmer.

La conduite touchante d'un jeune & excellent militaire qui ſe voue avec autant de nobleſſe que de conſtance au ſoulagement des Pauvres, eſt pour nous une leçon éloquente & le plus digne encouragement. Continuons d'oppoſer la bienfaiſance à la calomnie, & la douceur d'être utiles, aux petites agaceries du ridicule : avec du temps, de la concorde & du courage, nous verrons placer M. Meſmer à la tête des génies conſolateurs de l'humanité ſouffrante, & vous ſerez, Meſſieurs, au rang des propagateurs les plus zélés d'une découverte précieuſe.

J'ai l'honneur d'être avec l'attachement le plus reſpectueux, &c.

Limoges, le 5 Octobre 1784.

LETTRE

DÉTAILS de ce qui s'est passé à Bayonne depuis l'époque du 19 Août 1784 jusqu'au premier Octobre suivant, relatifs au Magnétisme animal; par M. le Comte MAXIME DE PUYSEGUR, *Mestre de Camp en second du Régiment de Languedoc; adressés à M. l'Abbé de Poulouzat, Conseiller-Clerc au Parlement de Bordeaux, avec des notes de M.* DUVAL D'ESPREMESNIL, *Conseiller au Parlement de Paris* *.

VOus sçavez, mon cher Abbé, que mon intention n'étoit pas de m'occuper du Magnétisme animal à Bayonne; je vous l'avois dit à mon passage à Bordeaux. En

* Le séjour très-passager que vient de faire ici M. d'Espremesnil, a été une époque intéressante pour notre Société. Durant huit séances de plusieurs heures chacune, ce Magistrat célebre a exposé le systême de M. Mesmer avec une clarté, une force & une noblesse qui transportoient les Auditeurs. La doctrine du Magnétisme animal dans la bouche éloquente de M. d'Espremesnil satisfait l'esprit, éleve l'ame, est toujours d'accord avec les principes respectés, & donne la plus haute idée de l'homme de génie, qui sera l'objet des hommages de la postérité.

effet, arrivant pour commander un Corps dont je n'avois pas l'honneur d'être connu, ce n'étoit pas comme Médecin que je desirois m'en faire connoître. J'affectai même pendant quelque temps de paroître absolument indifférent à tout ce qui pouvoit avoir rapport au Magnétisme animal; mais bientôt un accident imprévu me força de quitter l'*incognito*.

Un temps pluvieux m'obligeant d'exercer MM. les Officiers dans les Cloîtres des Jacobins, ils étoient sous les armes, formés en colonnes, lorsque l'un d'eux (*a*) surpris par un coup de sang au mot *marche*, au lieu de se porter en avant, tombe la face sur le pavé, comme une planche que l'on auroit renversée, & reste ainsi étendu sans aucun sentiment. Alors j'interromps l'exercice. Ses camarades le relevent, & chacun cherche à lui donner les secours qu'il lui croit utiles. J'attends quelques instans, desirant sincerement de le voir soulager sans moi; mais enfin impatient du peu de réussite de leurs efforts, je m'approche de lui; je fais faire la chaîne à tous les assistans, mettant en œuvre les ressources que peut me suggérer la doctrine de M. Mesmer.

(*a*) M. de la Ruel, dont le certificat sera dans l'état des guérisons.

Bientôt le ſuccès couronnant mes ſoins, j'ai la ſatisfaction de le ſentir revivre entre mes bras, & de le mettre à même de retourner chez lui.

La contuſion à la tête avoit été très-forte, la levre inférieure étoit fendue en dedans & en dehors ; il y avoit auſſi plaie au menton & à l'angle externe de l'œil droit ; le viſage étoit tout enſanglanté. L'ayant fait laver, j'empêchai qu'on n'appliquât aucune eſpece de remedes. Les plaies furent panſées avec du linge ſec ; le malade fut ſaigné ; & juſqu'à parfaite guériſon, il n'eut plus d'autre traitement que le Magnétiſme.

Cette ſcene s'étant paſſée ſi publiquement, vous voyez, mon cher Abbé, qu'il ne me fut pas poſſible de diſſimuler. En peu d'heures tout mon Régiment & toute la Ville ſçurent que j'étois diſciple de M. Meſmer ; chacun me queſtionnoit, me parloit Magnétiſme. Mais ce n'eſt pas tout. Ce jour même les événemens ſemblerent ſe ſuccéder pour me faire connoître. L'après-midi, le temps devenu ſerein, permit à nos jeunes gens d'exécuter une partie de barres, en préſence des Dames de la Ville. L'amour-propre des coureurs qui vouloient ſe diſtinguer, ſouffroit avec peine tout ce qui pouvoit faire obſtacle & retarder leur courſe. L'un d'eux rencontrant ſur ſon paſſage un petit chien qui s'obſtinoit à le harceler; pour s'en débarraſſer, le ſaiſit par la queue, & d'un bras vigoureux, le jette à toute volée à une diſtance conſidérable. Le chien rudement frappé de ſa chûte, reſte ſans mouvement & ſans aucun ſigne de vie. Les barres continuoient; mais bientôt on vint me porter plainte. Le maître du chien demande juſtice du meurtre qu'on a commis; & me voilà contraint à punir & à changer la gaieté en chagrin, ſi je ne peux parvenir à faire ceſſer la plainte. Alors, ſans faire du bruit, & impoſant ſilence au plaignant, je m'approche avec lui du chien maltraité. Je le trouve ſans mouvement, rendant du ſang par la gueule & par le nez; mais l'examinant avec ſoin, je m'apperçus bientôt que les arteres battoient encore. Alors employant envers lui des procédés magnétiques, je le rends à la vie. Déjà il roule les yeux; ma main ſe trouvant vers ſa gueule, le premier emploi qu'il fait du mouvement que je lui ai rendu, eſt de me lécher en ſigne de reconnoiſſance; petit à petit ſes forces augmentent : je le remets ſur ſes quatre pattes; & lui faiſant prendre ſucceſſivement diverſes attitudes, dans leſquelles il reſtoit exactement avec une patience ſinguliere, je m'aſſure par-là qu'il n'avoit rien de fracturé. Alors abandonnant ce petit animal à lui-même, il se mit à marcher; mais comme s'il avoit un effort dans les reins, avec un balancement pénible dans le train de derriere. Le maître n'étoit pas encore content. Je rappelle le chien, & dans un instant je le rétablis en parfaite guérison. Sept ou huit minutes au plus furent employées dans ce traitement, où je n'aurois pas voulu de témoins; mais la foule m'environnoit, & j'étois à regret l'objet de l'étonnement & de la curiosité publique (1).

Cependant on reprend les barres jusqu'à la nuit close. En rentrant dans la Ville, quelqu'un vint m'avertir qu'un jeune Officier, que je n'avois pas encore l'honneur de connoître, n'osoit me prier de le soulager de douleurs vives que lui faisoit souffrir une entorse qu'il avoit prise aux barres. Aussi-tôt je cours vers lui, & en moins de deux minutes il se trouve en état de marcher sans douleur, & de me suivre tout de suite jusques chez mon premier malade du matin, que j'allai revoir.

---

(1) Voyez les *Rapports des Commissaires*, aux articles de *l'imagination*. (Note de M. d'Espremesnil.)

C'eſt ici qu'une autre ſcene bien plus frappante m'attendoit pour étonner tous les aſſiſtans. Nombre d'Officiers s'étoient rendus chez le malade, beaucoup par l'intérêt qu'ils prenoient à ſa ſanté, & un peu par curioſité, pour être témoins de ſon traitement. Chacun parloit à ſa façon ſur le Magnétiſme animal ; quelques-uns étoient pour, d'autres contre ; la plus grande partie rioit, badinoit, & doutoit fort de la réalité de ſes effets, ainſi que cela ſe pratique parmi tous ceux qui n'y ont jamais regardé (2). En pareil cas, vous ſçavez que je n'aime pas les oiſifs. Auſſi voulant me ſervir de tous les aſſiſtans, je les invite à faire la chaîne. Quelques-uns d'eux l'avoient quittée le matin, ſe ſentant du mal-aiſe, & l'attribuant tout ſimplement au ſaiſiſſement que l'accident leur avoit cauſé. Un de ce nombre, d'une ſanté délicate, & ayant l'eſtomac dérangé, étoit alors préſent ; il avoit le plus plaiſanté, & plaiſantoit encore fort agréablement. Bientôt l'effet de la chaîne n'étant pas indifférent pour lui, il commence à reſſentir les mêmes impreſſions que le matin, & il veut

(2) Et parmi ceux qui devoient y regarder, & n'ont pas voulu y voir. Voyez toujours les *Rapports des Commiſſaires*. (Note de M. d'Eſpremeſnil.)

se retirer ; mais m'appercevant du motif qui le détermine, j'insiste pour le faire rester, & bientôt il est obligé d'avouer les angoisses qu'il ressent, & de donner sur lui-même une preuve irrévocable des effets du Magnétisme : des nausées & des tranchées l'assaillent en même-temps. Enfin, la précipitation des effets ne lui permettant pas de quitter la place, il est forcé de rendre tous les assistans témoins des suites ordinaires de pareils accidens.

Après tant de preuves des effets du Magnétisme animal, vous jugez qu'on ne manqua pas de venir me consulter. J'avois beau refuser, chaque jour le nombre des malades augmentoit : ils venoient assaillir ma porte. Enfin, je ne pus résister davantage à la douce satisfaction de soulager tant de malheureux ; & j'ouvris un traitement public pour les pauvres.

Considérant ensuite qu'il existe dans tous les Régimens une classe d'hommes désignés sous le nom de *malades à la chambre* (a),

(a) Jusqu'à présent je n'ai cherché qu'à guérir. Mais de même que mon frere est parvenu sur mer à préserver son Equipage des maladies, de même aussi je crois qu'il est possible, quoique difficile, de parvenir au même but pout tout un Corps.

lesquels sont des reliquats d'hôpitaux qui n'ont pu être guéris, & qui surchargent leurs camarades en ne faisant aucun service dans leurs Compagnies, je résolus d'en diminuer le nombre en entreprenant d'en guérir plusieurs, & j'ai eu le plaisir de réussir (3).

Bientôt le lieu que j'avois pris pour assembler mes malades se trouvant trop petit, il fut question de choisir un local. La saison promettant de beaux jours, j'établis mon hôpital sur le bastion Saint-Etienne. Là, sont des arbres antiques, mais vigoureux, qui se nourrissent dans un sol fertile. Leurs feuilles & l'herbe qui croît à leurs pieds, sont du verd le plus agréable, & témoignent que la nature déploie en ce lieu toutes ses forces. Je choisis trois de ces arbres; & recevant alors indifféremment tout ce qui se présentoit, je rassemble en peu de jours, sous leur ombrage, plus de trois cens malades.

C'est là, mon cher Abbé, que j'aurois voulu vous voir; votre ame sensible & bienfaisante vous auroit fait jouir d'un plaisir bien délicieux. Malgré tout ce que j'avois vu des effets du Magnétisme animal, j'étois

(3) Toutes ces guérisons étoient sans doute autant d'*imitations*. Voyez les *Rapports*. (Note de M. d'Espremesnil.)

ſans ceſſe étonné des ſuccès qui couronnoient mes ſoins ; chaque jour, chaque inſtant même offroit un ſoulagement nouveau & marqué par des actions de graces. Au milieu de ces bonnes gens, je me ſentois ſaiſi d'un attachement ſincere pour chacun d'eux ; aucune de leurs ſenſations ne m'étoit indifférente. Aux extrémités de la France il me ſembloit m'être créé une nouvelle famille ; & je ne dis pas trop quand j'ajouterai qu'ils me regardoient tous comme leur pere.

C'eſt ainſi que dans de perpétuelles jouiſſances j'ai paſſé tous mes inſtans de liberté depuis le 19 du mois dernier. Mais les approches d'une revue m'en laiſſant peu dont il me fut poſſible de diſpoſer, je n'aurois pu ſuffire à ce que j'avois entrepris, ſi le zele & la charité de pluſieurs perſonnes ne fuſſent venus à mon ſecours. Deux Officiers du Régiment (*a*), le Chirurgien-Major (*b*), un des premiers Citoyens de la Ville (*c*), & trois perſonnes de l'art (*d*) s'empreſſerent à l'envi de ſe-

---

(*a*) MM. Lanogarede - Lagarde, & Dubeſſet.

(*b*) M. de Waton.

(*c*) M. de Brethons, Baron de Caſtelnau.

(*d*) MM. Monbalon, Médecin; Commamale, Chirurgien; & Gaube, Apothicaire.

conder mes efforts ; & uſant envers eux du droit que m'a commis M. Meſmer & la Société dont nous ſommes membres, bientôt je les ai mis en état de m'aider.

C'eſt à eux, autant qu'à moi, qu'un nombre prodigieux de malades, en moins d'un mois de temps, doit des ſoulagemens marqués ou des guériſons parfaites. On vous fera paſſer une liſte de ſoixante guériſons conſtatées d'une maniere inconteſtable. Je ne vous envoie pas cette liſte en même-temps que ma lettre, parce que je veux qu'on ne certifie les faits qu'elle contient, que quand je ne ſerai plus ici. C'eſt une précaution de plus que je ne veux pas négliger, afin d'être ſûr que je ne me dupe pas moi-même. Je recommanderai en même-temps qu'on vous faſſe paſſer une ſeconde liſte, contenant l'état des malades encore actuellement au traitement, mais qui ont éprouvé des ſoulagemens marqués & d'une nature peu commune. Je pourrois vous en citer beaucoup d'autres, ſans une tricherie qui s'eſt pratiquée, & dont je ne fais que de m'appercevoir. Au bout de quelques jours, voyant mes trois arbres remplis, j'avois été forcé de rejetter tous ceux qui ſe préſentoient, & dont l'affluence augmentoit chaque jour. J'avois donné des cartes à mes malades, pour qu'une ſentinelle pût les diſtinguer & les laiſſer paſſer. Ceux-ci ayant des amis ou des parens qui vouloient être admis, & craignant pour eux un refus, ſe retiroient ſans rien dire lorſqu'ils étoient guéris, & donnoient leur carte à d'autres (*a*), ſi bien qu'une grande partie du traitement s'eſt inſenſiblement renouvellée pluſieurs fois ſans ma participation. Néanmoins le nombre des guériſons qui ſeront conſtatées, doit être ſuffiſant pour donner à penſer aux hommes de bonne foi. Certes, ſi ce ſont là les effets de *l'imagination*, l'Académie ſera forcée de convenir que *l'imagination* eſt le plus grand médecin du monde. Preſque toutes les maladies que j'ai eu à traiter, avoient ſubi précédemment le joug de la médecine ordinaire ſans aucun ſuccès ; c'étoient des écueils où cette antique & religieuſe chimere avoit échoué, mais qui n'ont pu arrêter les influences bienfaiſantes du Magnétiſme animal.

J'étois ſous mes arbres, & j'avois devant mes yeux le ſpectacle touchant de l'humanité ſoulagée. Je rendois graces à notre bon maître Meſmer du bonheur qu'il m'a

---

(*a*) Je viens de m'aſſurer de ce fait aujourd'hui en vérifiant les noms écrits ſur les cartes, & ceux des perſonnes qui les portoient.

mis à même de goûter, lorſqu'on m'apporte à lire l'extrait du rapport de MM. les Commiſſaires. Tel qu'un convive à la fin d'un bon repas ſe rit des frimats qui menacent la vigne, de même enivré des plaiſirs purs que procurent la bienfaiſance & la vérité, je ne fis d'abord que ſourire, plaignant les hommes d'être ſi ſouvent dupes de leur prétendu ſçavoir. Mais conſidérant enſuite combien notre bon Meſmer eſt tourmenté pour avoir toujours voulu faire du bien, des mouvemens d'indignation m'enleverent à mon indifférence. Je me diſois : l'ingratitude eſt-elle donc le prix néceſſaire de la bienfaiſance ? Des hommes qu'il a ſoulagés, l'ont trahi, l'ont perſécuté. L'orgueilleuſe philoſophie dédaigne tout ce qui n'alimente pas ſa vanité, & ne rougit pas d'employer les moyens les plus injuſtes pour ſapper dans ſes fondemens le ſyſtême de bienfaiſance que ſon génie a conçu ! & le bon Meſmer doutoit de la méchanceté des hommes ! Ah ! elle eſt à ſon comble !... Ces réflexions m'affligerent & me jetterent inſenſiblement dans une rêverie pénible & d'autant plus douloureuſe, qu'elle contraſtoit davantage avec la ſituation précédente de mon ame ; mais heureuſement la ſollicitude des ſoins néceſſaires à tous ceux qui m'environnnoient vint bientôt m'arracher à moi-même & me rappeller à mon premier sentiment. A mesure que je redevenois utile, mon chagrin se dissipoit, & je sentis dans ce moment plus que jamais cette importante vérité prouvée physiquement par Mesmer : *Combien est puissante l'influence qui s'exerce d'homme à homme, & le besoin mutuel que nous avons les uns des autres!* Je me rappellai de la patience de Mesmer, & je songeai à l'imiter. D'ailleurs, pourquoi le plaindre? La bienfaisance dédommage de tout; & le plaisir de s'attendrir utilement sur les maux d'autrui, doit élever au-dessus des caprices de la fortune & de l'inconstance des événemens (4).

Oui, s'il est possible que je sois dans l'erreur, si la doctrine de Mesmer pouvoit être démontrée nulle pour l'utilité physique de l'homme, je certifie & je me plais à le publier, qu'il n'en est aucune pour quiconque l'a bien saisie, qui puisse le rendre meilleur, plus attaché à ses devoirs, plus

---

(4) Je saisis avec joie l'occasion de rendre à la personne de M. Mesmer le même témoignage que M. le Comte de Puysegur. Il a raison de l'appeller *le bon Mesmer*. On ne peut mieux le désigner. Son ame est comme sa découverte, simple, bienfaisante & sublime. (*Note de M. d'Espremesnil.*)

juste, plus humain, plus sensible, & par conséquent plus heureux.

Je respecte infiniment les Sociétés formées depuis long-temps pour conserver le dépôt des Sciences. J'estime beaucoup & j'aime plusieurs de leurs Membres; mais en vérité, mon cher Abbé, à quelque prix que j'éleve leur opinion, je la trouve bien légere quand je la pese dans la balance avec ce que je fais moi-même tous les jours. Je voudrois que chacun de ces Messieurs se mît seulement pendant une heure à ma place, & qu'il pût sentir la nature obéir à ses moindres mouvemens; nous les verrions alors rougir d'un jugement tout au moins précipité, & s'élever au-dessus de la honte, pour accueillir avec transport une vérité simple, consolante & sublime, qui les rendroit plus justes, plus utiles & plus heureux.

Enfin, je ne rêve pas. Il est bien vrai que je suis à Bayonne, & qu'il n'y a qu'un mois que j'emploie mes momens de liberté à soulager des êtres souffrans. Il n'est pas possible que tant de gens que j'ai vu malades, & que je vois guéris, m'aient fasciné les yeux, & se donnent obstinément le mot pour m'entretenir dans l'erreur de croire que je leur ai fait du bien.

D'ailleurs, d'après toutes les précautions

que j'ai prescrit de prendre pour constater les faits en mon absence, il faudroit qu'ils missent bien des gens dans le complot. Eh! cette quantité de certificats qui doivent être signés de tant de monde, désigneroient donc alors autant de dupes ou de fripons que le sort a réuni pour prouver que je ne suis qu'un sot (5). Mon cher Abbé, les illusions de l'orgueil sont la source de nos plus grands maux. L'abus du *sçavoir* a produit l'incrédulité sur l'existence du Maître des mondes; il n'est pas plus étonnant de le voir aujourd'hui rejetter les preuves de sa sagesse infinie.

Cependant comment est-il possible que des gens d'esprit; des gens instruits & estimables, tels que la plupart de MM. les Commissaires; que des gens impartiaux, tels que devroient être des hommes choisis, nommés par le Roi pour juger une découverte annoncée comme utile sous plus d'un aspect, établissent comme axiome

---

(5) Cet argument est fort; mais je sçais un moyen d'y répondre: c'est de ne pas écouter ceux qui disent que vous les avez guéris, & de nier crûment les guérisons; ou bien encore de les attribuer à la nature, indépendamment du Magnétisme, c'est-à-dire, à la nature, indépendamment d'elle-même. (*Note de M. d'Espremesnil.*)

que les faits ne prouvent rien? J'ai toujours cru que les raiſonnemens devenoient abſurdes quand ils contrarioient les faits. Eh quoi! faiſant exception à la regle, je dois croire que les faits ne prouvent rien, quand il s'agit de la vie ou de la mort d'un homme, de la ſanté ou de la maladie! Mais que m'importe ce qui m'a guéri, pourvu que je le ſois! Que m'importe la théorie de mon Médecin, pourvu qu'il rappelle mes forces & rétabliſſe ma ſanté!

L'uſage que M. Meſmer fait de l'action magnétique dans le traitement des maladies eſt-il utile? Guérit-il? Guérit-il mieux que la routine ordinaire de la Médecine? Voilà réellement, mon cher Abbé, le point important qu'il falloit éclaircir (6), & ſur

(6) Oui, ſuivant nous autres raiſonneurs vulgaires; mais ſuivant les *Rapports* imprimés, en pareille matiere, des cures multipliées ne prouvent rien. Cependant ſi des cures multipliées, concommittantes au Magnétiſme, ne prouvent rien en ſa faveur, que prouvent donc en faveur de la Médecine les cures qu'elle s'attribue? *La nature*, dites-vous, *agit en même-temps que le remede : on ne ſçait ſi le ſoulagement appartient au remede ou à la nature* (Voyez l'Expoſé lu à l'Académie des Sciences par M. Bailly, le 4 Septembre 1784.) Un moment, je vous ſupplie. La nature agit en même-temps que le Médecin; on ne ſçait ſi le ſoulagement appartient à la nature

lequel

lequel l'humanité entiere avoit droit d'attendre un jugement *sain, modéré, & d'autant plus déterminant*, qu'il eût été appuyé par des faits & des faits comparatifs, répétés même à plusieurs reprises s'il eût été nécessaire (7).

---

ou au Médecin. Poursuivons : *La nature*, ajoutez-vous, *guérit quelquefois sans remede. Comment se convaincre de l'existence d'un remede invisible* par des guérisons que la nature peut opérer sans lui ? Je réponds en premier lieu : *La nature guérit quelquefois sans remede, comment se convaincre de l'utilité de vos saignées & de vos médecines par des guérisons que la nature peut opérer sans elles ?* En second lieu, je demande depuis quand la science apprend-elle à traiter d'invisible ce qu'on n'a pas vu, & même à nier l'existence d'un être qui par sa subtilité se déroberoit à l'œil humain ? Que diroit-on d'un aveugle né qui ne voudroit pas croire à l'existence de l'air ? Messieurs, qui contestez l'existence du Magnétisme, j'ose vous dire que vous ressemblez à cet aveugle, & vous en conviendrez quand vos yeux seront ouverts.... *Mais on sent l'air, & l'on ne sent pas votre fluide*.... Vous vous trompez, on le sent, on le voit, un peu de patience, & vous en serez sûrs. (*Note de M. d'Espremesnil.*)

(7) On auroit pu vérifier à Paris, à Buzancy, à Beaubourg au moins deux ou trois cens faits plus étonnans & plus concluans les uns que les autres. Les vérifier... que dis-je ? On auroit pu les reproduire. Et Messieurs les Commissaires

Pour moi, d'après ceux que je me ſuis appliqué à conſtater, je crois être en droit d'avoir un avis (8) ; je ſoutiens donc & je prétends que la méthode de M. Meſmer eſt préférable à celle de la Faculté, que les circonſtances m'ont auſſi forcé d'apprendre pour être plus à même de juger (9).

MM. les Commiſſaires poſent en principe que les faits ne prouvent rien. Ils prouvent cette aſſertion en diſant que l'on a vu ſouvent les maladies les plus rebelles à l'art, abandonnées aux reſſources de la ſimple nature, guérir mieux & plus vîte que par l'uſage des moyens ordinaires de la Médecine les mieux indiqués. Et ce ſont des Médecins qui tiennent ce langage! Ne s'apperçoivent-ils donc pas que c'eſt là l'argument qu'on leur oppoſe depuis qu'il exiſte des Médecins, que l'aveu de la vé-

---

s'en ſont tenus à quatorze expériences faites ſans principes & ſans méthode chez un diſciple qu'ils ſçavoient déſavoué par l'inventeur du Magnétiſme. En conſcience, eſt-ce là procéder de bonne foi? (*Note de M. d'Eſpremeſnil.*)

(8) Et ſur quoi fondez-vous cet avis, mon cher Comte, ſur trois ou quatre cens faits ? Voilà de belles raiſons ! (*Note de M. d'Eſpremeſnil.*)

(9) Voilà un ſingulier homme, qui commence par apprendre ce qu'il veut juger. (*Note de M. d'Eſpremeſnil.*)

rité leur arrache même quand ils cherchent à l'étouffer (10).

Mais, Messieurs, si vous reconnoissez si bien la puissance de cette bonne nature, cherchez donc à concevoir le principe de la doctrine que vous voulez détruire. Cette nature en est la base, & sa théorie est dictée par un sentiment qui réside dans tous les êtres. Voilà du moins celle que Mesmer m'a fait connoître.

La découverte de toute vérité est un trait de lumiere qui frappe sur l'intelligence humaine. Le premier développement de chaque science part d'un apperçu intérieur & subit, d'un sentiment

---

(10) Ces mêmes Médecins qui se moquent du Magnétisme, en attribuant ses effets à *l'imagination*, n'ont pas voulu nier que la foi sauvât en Médecine. Mais qu'est-ce que la foi en Médecine? Voudroit-on bien nous l'expliquer? D'où vient aussi qu'un jour de purgation on vous défend la méditation, la lecture, en un mot toute espece d'attention forte & suivie? Il faut que je donne à penser aux personnes réfléchies. A la vérité, dans un homme légérement indisposé, *l'imagination* peut résister ou concourir au Magnétisme; mais dans un homme réellement malade, dans un homme où l'animalité domine *l'imagination*, le Magnétisme ne manque jamais d'exercer sa puissance. (*Note de M. d'Espremesnil.*)

intime dans l'homme ; c'eſt une impulſion rapide du génie, qui prouve ſa juſteſſe en allant droit au but, tandis que l'eſprit cherchant toujours ſes preuves dans des raiſonnemens, n'invente rien, perfectionne rarement, & ſouvent nous égare.

La Médecine de nos jours a ſubi le ſort de beaucoup d'autres connoiſſances humaines en s'éloignant de la ſource qui l'a produite ; les principes ſur leſquels cet art étoit fondé ſe ſont évanouis ; il n'eſt plus demeuré qu'un échaffaudage informe qu'en vain l'eſprit de l'homme s'eſt efforcé d'étayer.

Enfin, les Facultés ne ſont pas plus ſûres de guérir aujourd'hui, qu'elles ne l'étoient dans leur origine, malgré l'effrayante quantité de volumes dont leurs reſpectables Membres nous ont gratifiés. Ce n'eſt pas qu'il n'y ait un petit nombre de livres qui renferment des vérités ſenties du premier ordre ; & je me garde bien de les proſcrire (*a*).

(*a*) Les Médecins, & en général les hommes inſtruits, ſeront plus à même que d'autres, de concevoir les principes, de cultiver toutes les branches de la doctrine de M. Meſmer, & d'en tirer tout le fruit qu'on doit en attendre, pourvu toutefois que malgré leurs connoiſſances ils

Mais ſi les Médecins reconnoiſſent l'empire & les reſſources de la nature, qu'ils l'écoutent un moment; qu'avec un tact, un diſcernement marqué au coin d'un véritable ſentiment, ils faſſent un triage rigoureux; qu'ils brûlent enſuite impitoyablement un fatras d'inutilités, & bientôt nous ſerons tous d'accord. Si les mots les choquent, nous les changerons; peu nous importe.

La nature reprenant alors ſes droits, leur fera connoître qu'il exiſte en elle une énergie capable de préſerver les êtres des déſordres qui menacent ſans ceſſe leur exiſtence, & que lorſque ces déſordres exiſtent, on peut encore travailler utilement à les détruire en employant des moyens ſimples pour renforcer ſon action. C'eſt ainſi qu'on verra une théorie ſimple & ſublime s'établir & remplacer un dédale d'opinions incohérentes, accumulées par le temps, qui n'ont d'autre rapport entre

---

aient conſervé un eſprit dégagé de tous préjugés, d'amour-propre & d'intérêt particulier. Malheureuſement cet aſſemblage eſt un phénomene rare dans l'eſpece humaine; & dans le cas contraire, devroit-on préférer peut-être celui que la nature auroit doué ſimplement d'un eſprit juſte & d'un cœur droit.

elles que la fin qui les détermine. C'eſt ainſi que ſubſtituant à la méthode obſcure & ténébreuſe de nos Facultés de Médecine, une méthode facile à concevoir & facile à pratiquer dans le traitement des malades, chaque individu deviendra capable plus ou moins de l'apprécier & de la connoître.

C'eſt ainſi que l'homme apprenant à connoître ſes propres forces, ſentira juſqu'à quel point il peut être utile à ſes ſemblables, & qu'on le verra rallumer le zele d'une charité éclairée, pour travailler avec ferveur, & ſoulager leurs maux.

A une Médecine conjecturale ſuccédera une Médecine de ſoins éclairée, une Médecine lumineuſe, plus pénible, à la vérité, mais plus ſûre, plus ſimple, & par cela même à portée de tout le monde ; enfin une Médecine telle que la nature la donne à tous les êtres qu'elle porte dans ſon ſein (11).

---

(11) Oui, je le dis avec confiance : le Magnétiſme animal eſt une vérité, une grande vérité ; bien entendu, bien dirigé, ce ſera un très-grand bien. Sa théorie ſera le fondement de la Médecine ; ſa pratique une branche de la Chirurgie. Les Rois, amis de l'humanité, doivent le protéger, le faire profeſſer. J'eſpere que le mien aura la gloire de donner au monde ce grand exemple,

Que deviendront les Médecins?... C'est ce qui les abuse, & c'est encore une preuve incontestable qu'ils ne connnoissent rien à la méthode qu'on leur propose. La faculté de parler, dont tout homme fait usage, & souvent même abuse, empêche-t-elle, en cas de discussion importante, de prendre un Avocat? Cet Avocat est votre conseil. Non-seulement il parle pour vous, mais il dicte vos réponses quand vous devez parler. Tel sera désormais le rôle des Médecins.

Mais par la suite il y aura moins de malades.... Je ne vois guere de replique à

& que sous ses auspices le *bon Mesmer* jouira paisiblement des honneurs de la plus belle découverte qui pût tomber dans une tête humaine. Signons ce témoignage & publions ce vœu. Puisse-t-il au moins servir avec cette lettre de M. le Comte de Puysegur, le rapport de M. Jussieu, & tant d'autres écrits raisonnables sur la matiere, à suspendre les jugemens précipités. Les jugemens précipités sont la source de tous nos maux. On est impatient, on veut juger, on juge sans attendre, on juge sans entendre. Il faut soutenir sa décision, l'égarement augmente, l'amour-propre s'en mêle.... *Quoi! je me suis trompé! quoi! je reculerois! J'ai trop d'esprit, j'ai trop de pouvoir.* On persécute quand on le peut; quand on ne le peut pas, on ridiculise; autre espece de persécution. Mais le temps vient, tenant par la main la vérité. Je les vois qui s'approchent. *Signé*, D'ESPREMESNIL.

Bordeaux, le 14 Octobre 1784.

cela.... Que faire ?... Je voudrois ſincerement que nous fuſſions d'accord. Au reſte, les connoiſſances particulieres des Médecins ſur l'organiſme de l'homme les éclairera d'un jour précieux pour bien ſaiſir tout ce qui peut y avoir rapport. La matiere médicale qu'ils doivent avoir étudiée, l'art de connoître dans les productions de la nature des ſpécifiques heureux, les mettra plus que tout autre à même de ſeconder les efforts d'une nature pleine de vie, en diminuant à propos par des moyens étrangers la réſiſtance des obſtacles dont elle tend à ſe dégager. Leur habitude en Phiſiologie leur fera ſentir & vérifier d'un ſeul coup d'œil des axiomes ſimples & ſublimes, en remontant rapidement, d'une multitude de ſymptômes diverſement variés & combinés, à des cauſes ſimples & preſque toujours *unes*.

Enfin, dans les débris de l'édifice giganteſque qui croule ſous leurs pieds, ils trouveront des matériaux utiles pour bâtir avec M. Meſmer un temple à la vérité. C'eſt ſur ſon frontiſpice que ſera gravé : LA NATURE OFFRE UN MOYEN UNIVERSEL DE GUÉRIR ET DE PRÉSERVER LES HOMMES (*a*).

(*a*) Voyez la fine d l'Avis au Public dans le premier Mémoire de M. Meſmer ; c'eſt la premiere

Telles ſont, mon cher Abbé, les réflexions qui me viennent dans ce moment. Je ne voulois que vous raconter ce que j'ai fait à Bayonne; mais les faits m'ont néceſſairement mené aux conſéquences, & inſenſiblement je me ſuis étendu ſans m'en appercevoir. Si vous trouvez que ce que je dis puiſſe être utile à quelque choſe, faites-en l'uſage que vous jugerez convenable.

Beaucoup d'autres plus capables ſont dans le cas d'étendre & de vérifier le petit nombre d'idées que cette matiere m'a ſuggéré; & je deſirerois bien que quelqu'un pût s'en occuper ſérieuſement. Quant à moi, je me contenterai toujours de dire ſimplement ce que je ſens, ce que je penſe, & je ne craindrai jamais de le voir publié.

L'intérêt que je prends au ſuccès de la découverte de M. Meſmer, eſt dicté par la reconnoiſſance du bien qu'elle m'a mis à même de faire, & mon amitié ſincere pour ſa perſonne. Trop heureux ſi en travaillant ainſi pour ma propre ſatisfaction, l'humanité en retire un jour quelque fruit.

C'eſt dans ces ſentimens que non content du bien que j'ai pu faire, j'ai voulu laiſſer,

---

de toutes ſes aſſertions, la plus eſſentielle & la premiere qu'il faille vérifier.

après mon départ, ſubſiſter un traitement dans cette Ville, & que j'ai formé des Eleves, & c'eſt encore avec un plaiſir bien véritable que je les vois ſe livrer avec ferveur au ſoulagement des malheureux. Leurs lumieres & la droiture de leurs intentions me ſont un ſûr garant des ſuccès qui couronneront leurs ſoins.

Ces Meſſieurs vont continuer le traitement gratuit pour les Pauvres. La ſaiſon commençant à s'avancer, les malades quitteront les arbres du baſtion Saint-Etienne, pour ſe réunir dans une des ſalles du Couvent des Auguſtins, que les Révérends Peres ont eu la charité de m'offrir, ainſi que tous les ſecours qui peuvent dépendre d'eux, en reconnoiſſance de la guériſon d'un de leurs Religieux (*a*).

(*a*) Le Pere Bory, âgé de ſoixante-quinze ans, paralytique de la moitié du corps, & dont l'état eſt expliqué dans le certificat qu'il a donné & ſigné de ſa main malade.

RÉSULTATS du Traitement magnétique de Bayonne, depuis le 19 Août, époque de ſon établiſſement, juſqu'au premier Octobre excluſivement.

AVIS.

M. le Comte Maxime de Puyſegur, deſirant s'aſſurer de la réalité des faits, a pris toutes les précautions poſſibles pour chercher à en conſtater l'exiſtence. En conſéquence, dans le principe, il a prié tous les gens de l'art, tant Médecins que Chirurgiens qui ſe ſont préſentés, & què la ſimple curioſité a d'abord attiré, de vouloir bien conſtater ſans ſa participation l'état des malades qui ſe préſenteroient au traitement (1).

(1) Quatre de ces MM. ſe ſont prêtés avec une franchiſe & un diſcernement qui font autant d'honneur à leur cœur qu'à leur eſprit. Toutes les autres perſonnes de l'art, réſidant à Bayonne, pouvoient ſuivre cet exemple; & M. de Puyſegur a manifeſté ſouvent ſes regrets de ne pas en voir un plus grand nombre. Il en eſt même qui, ſollicités par lui perſonnellement de venir vérifier les faits, ont négligé de le faire. C'eſt une preuve que l'eſprit de la Faculté n'eſt pas concentré dans la Capitale.

Lorſqu'il étoit au moment de partir, il a fait recueillir les certificats ci-après de chaque malade en particulier, & les a fait confronter par les gens de l'art avec leur état journalier.

Ces malades ſont partagés en trois claſſes. 1°. Les Soldats du Régiment de Languedoc. 2°. Les habitans de la campagne. 3°. Les habitans de la Ville de Bayonne.

Les certificats de la premiere claſſe ont été remis entre les mains de M. de Raigneau, Lieutenant-Colonel du Régiment, qui a bien voulu les faire conſtater & ſigner par le Sergent Major & le Commandant de chaque Compagnie, en l'abſence de M. de Puyſegur.

Ceux de la deuxieme & troiſieme claſſe ſont réunis enſemble, & ont été remis entre les mains de M. de Lalanne, Maire de la Ville de Bayonne, avec priere de M. de Puyſegur de vouloir bien en conſtater la validité.

M. de Lalanne, avec un zele & une équité qui font honneur à ſon amour pour la vérité, a mis le plus grand ſoin dans ſes vérifications. Les malades ont été convoqués pour ſe rendre dans l'Hôtel-de-Ville; lecture leur a été faite des certificats qu'ils avoient donné, & ils ont certifié de nouveau la réalité des faits qui y ſont contenus.

On regrette que les affaires de pluſieurs des malades ne leur aient pas permis de remplir cette formalité. Mais il n'en eſt aucun de ceux que M. le Maire n'a pu vérifier, dont on ne puiſſe avoir connoiſſance, en s'adreſſant directement à eux pour s'aſſurer de la vérité.

Tous les certificats en originaux, ainſi que les atteſtations de MM. les Maire & Echevins, & des gens de l'art, ont été dépoſés dans l'Etude de M. Duhalde, Notaire royal à Bayonne, dont il a délivré copie.

A la ſuite de ces cures, qui ſont au nombre de ſoixante, on trouvera encore un état exact de la ſituation de ſeize malades en voie de guériſon, & ayant éprouvé des ſoulagemens marqués.

COPIE collationnée des Certificats des Malades guéris par le Magnétisme animal, dans le Régiment de Languedoc à Bayonne, dont les originaux sont déposés chez M. Duhalde, Notaire Royal à Bayonne.

N°. I. *Coup de sang.*

JE soussigné, Officier au Régiment de Languedoc, certifie que le 12 Août étant à faire l'exercice sous les arcades du cloître des Jacobins, je me sentis étourdi par un coup de sang; qu'étant ensuite tombé la face contre terre, je suis resté sans connoissance, jusqu'à ce que m'ayant relevé on m'ait administré les soins du Magnétisme animal; qu'en revenant à moi, je me suis senti la levre inférieure coupée en dedans & en dehors du côté droit, le menton fendu, une contusion avec plaie à la tempe droite, près le sourcil, & que je me suis vu baigné dans mon sang. Rendu chez moi, j'ai été saigné par le conseil de M. le Comte de Puysegur; & je n'ai eu ensuite d'autre traitement jusqu'à mon entiere guérison, arrivée le 22, que les soins du Magnétisme animal, lesquels provoquoient en moi, toutes les fois qu'on me touchoit, un sommeil insurmontable, & par cela même calmoient entiérement mes douleurs. A Bayonne, le 24 Août 1784. *Signé*, le Chevalier DE LA RUELLE.

N°. II. *Fievre.*

Je certifie que M. le Comte de Puységur, mon Colonel, m'a entiérement guéri d'une fievre & foiblesse singuliere que j'ai eu depuis le mois de Mai dernier, ayant été deux fois à l'hôpital : la premiere fois j'y ai resté deux mois, & la seconde quinze jours; que j'en sortis aussi malade pour réclamer les bontés de mon Colonel, qui me guérit dans douze jours de temps, ayant commencé le traitement le 19 Août, & entiérement guéri le 31 dudit mois. A Bayonne, le 20 Septembre 1784. *Signé*, FÉLIX.

Je certifie que le nommé ci-dessus a traîné long-temps, tant aux hôpitaux qu'à la chambre, sans pouvoir guérir, & qu'il est actuellement bien guéri. *Signés*, BRUNET, Officier; & HUC, Sergent Major.

N°. III. *Rhumatisme.*

Je déclare que M. le Comte de Puységur, mon Colonel, m'a guéri d'un rhumatiſme que j'avois à la cuiſſe gauche depuis environ dix mois. Ayant commencé le traitement le 20 Août, j'ai été entiérement guéri le premier Septembre 1784. *Signé*, LASTRUC.

La ſignature ci-deſſus eſt du nommé Laſtruc, Soldat du Régiment de Languedoc, Compagnie de Chazeaux. A Bayonne, le 20 Septembre 1784. *Signé*, CHATILLON, Fourrier.

Nous Capitaine Commandant ladite Compagnie, certifie les deux ſignatures ci-deſſus véritables. A Bayonne, le 21 Septembre 1784. *Signé*, le Chevalier DE SAINT-SAUVEUR.

N°. IV. *Fievre tierce.*

Je déclare avoir été guéri par M. le Comte de Puyſegur, mon Colonel, d'une fievre tierce, pour laquelle j'ai reſté à l'hôpital pendant un mois, & j'en ſuis ſorti ſans être guéri. Mon Colonel ayant commencé à me traiter le 19 Août dernier, j'en ſuis ſorti le premier Septembre entiérement guéri. A Bayonne, le 20 Septembre 1784.

Je déclare ne ſçavoir ſigner, & j'ai fait ma marque ordinaire, une †, pour marque du nommé PERRIOT.

Et

Et plus bas, *signé* REDON, Sergent Major, & PEYRONENCHE, Fourrier.

J'approuve la marque & signatures ci-dessus. *Signé*, LA NOGAREDE-LAGARDE.

N°. V. *Ulcere de jambe.*

Je certifie que le nommé Belleﬂeur, Soldat de ma Compagnie, a resté deux ans sans faire aucun service, à cause d'un ulcere qu'il avoit à la jambe gauche, qui l'empêchoit de mettre des guêtres, & pour lequel il a traîné les hôpitaux inutilement; & dans environ vingt jours que M. le Comte de Puysegur l'a traité par le Magnétisme, l'ulcere a disparu, & il a été en même de se mettre en route. En foi de quoi ai signé le 6 Septembre 1784. *Signé*, LA NOGAREDE-LAGARDE.

N°. VI. *Rhumatisme & Hémorroïdes.*

Nous soussigné, Capitaine-Commandant au Régiment d'Infanterie de Languedoc, déclare que souffrant beaucoup d'un rhumatisme dans toute la partie droite, & de plus accablé d'hémorroïdes depuis près de cinq années, M. le Comte Maxime de Puysegur, par un trait de bienfaisance, ayant établi un traitement public pour le soulagement de l'humanité souffrante, je fus me rendre, avec près de deux cens malades qui étoient réunis ſous un arbre. Après quinze jours de traitement magnétique, j'ai été radicalement guéri, n'ayant plus éprouvé depuis ce moment le moindre reſſentiment de douleur. En foi de quoi ai ſigné le préſent. A Bayonne, le 15 Septembre 1784. *Signé*, le Chevalier DE CHAZAUX.

N°. VII. *Gonflement à la joue.*

Je déclare que M. le Comte de Puyſegur, mon Colonel, m'a guéri d'un gonflement à la pomette de la joue droite, que j'avois depuis plus d'un an, dont j'ai été radicalement guéri en huit jours de temps par les ſoins de mon Colonel. A Bayonne, le 20 Septembre 1784. *Signé*, BEGORRAT.

La ſignature ci-deſſus eſt du nommé Begorrat, Soldat de la Compagnie de Chazeaux au Régiment de Languedoc. A Bayonne, le 20 Septembre 1784. *Signé*, CHATILLON. Fourrier.

Nous Capitaine-Commandant la Compagnie de Chazeaux, certifions les ſignatures ci-deſſus véritables. A Bayonne, le 25 Septembre 1784. *Signé*, le Chevalier DE SAINT-SAUVEUR.

N°. VIII. *Douleurs vives.*

Je certifie que M. le Comte de Puyſegur, mon Colonel, m'a guéri de douleurs vives à la tête & au ventre; après avoir été infructueuſement à l'hôpital environ trois ſemaines, n'ai été guéri que par le Magnétiſme animal. A Bayonne, le 20 Septembre 1784. *Signé*, PAMIER; & plus bas, *Signé* LÉON, Sergent.

J'approuve les ſignatures ci-deſſus. *Signé*, DE SANTERRE.

N° IX. *Fievre tierce.*

Je déclare avoir été guéri par M. le Comte de Puyſegur, mon Colonel, d'une fievre tierce. Ayant commencé le traitement le 5 du mois de Septembre, j'en ſuis ſorti le 20 dudit entiérement guéri. A Bayonne, le 20 Septembre 1784.

Je déclare ne ſçavoir ſigner, & j'ai fait ma marque ordinaire, une croix, pour marque du nommé HELLIOT; & plus bas, *Signé* REDON, Sergent Major, & PEYRONENCHE, Fourrier.

J'approuve la marque & ſignatures ci-deſſus. *Signé*, LA NOGAREDE-LAGARDE.

N°. X. *Panaris.*

Je ſouſſigné certifie que le nommé Belcourt, ayant été attaqué d'un panaris au doigt index de la main droite, a été guéri radicalement par les ſoins du Magnétiſme animal. A Bayonne, le 20 Septembre 1784. *Signé*, IZABÉE, Sergent Major.

Je certifie que le nommé Belcourt a été guéri d'un panaris dont il n'avoit pu être guéri à l'hôpital, & ce par l'effet du Magnétiſme. *Signé*, D'ISÉS, Capitaine en ſecond des Grenadiers.

N°. XI. *Fievre quarte.*

Je déclare que M. le Comte de Puyſegur, mon Colonel, m'a guéri d'une fievre quarte, mal d'eſtomac & de tête, qui me retenoient à la chambre depuis huit jours, & dont je ſuis bien débarraſſé. A Bayonne, le 20 Septembre 1784. *Signé*, ROTUREAU, Grenadier; & plus bas, IZABÉE, Sergent Major.

Je certifie que ledit Rotureau a été guéri de la fievre quarte & mal d'eſtomac par l'effet du Magnétiſme. *Signé*, D'ISÉS, Capitaine en ſecond.

N°. XII. *Mal d'eſtomac.*

Je certifie avoir été guéri du mal d'eſtomac que j'avois depuis trois mois, & ce par les ſoins du Magnétiſme. A Bayonne, le 20 Septembre 1784. *Signé*, VINCENT, Grenadier; & plus bas, IZABÉE, Sergent Major.

Je certifie que ledit Vincent a été guéri du mal d'estomac par l'effet du Magnétisme. *Signé*, D'ISÉS, Capitaine en second.

N°. XIII. *Engorgement à la main.*

Je soussigné certifie que le nommé Lafontaine, Chasseur, avoit un engorgement à la main droite depuis trois semaines, tellement qu'il ne pouvoit en faire aucun usage, ayant essayé en vain plusieurs emplâtres; qu'il a été au traitement du Magnétisme animal le 19 Août, & qu'il en est sorti radicalement guéri le 24 dudit, & partit ensuite par semestre. A Bayonne, le 20 Septembre 1784. *Signé*, PRIEUR, Sergent Major.

Je certifie véritable le fait & la signature ci-dessus. *Signé*, COURCI, Capitaine des Chasseurs.

N°. XIV. *Douleurs de poitrine.*

Je certifie qu'étant attaqué de vives douleurs à la poitrine, avec difficulté de respirer depuis une année, ayant été traité infructueusement à l'hôpital pendant six mois à plusieurs reprises, & sans aucun succès, je suis venu au traitement du Magnétisme animal le 19 Août, & que j'en suis sorti radicalement guéri le 31 dudit mois. A Bayonne, le 20 Septembre

1784. *Signés*, LA LIBERTÉ, Grenadier; IZABÉE, Sergent Major; & D'ISÉS, Capitaine en ſecond.

N°. XV. *Foibleſſes.*

Je certifie qu'étant attaqué de foibleſſes à la ſuite de la fievre tierce, ayant été trois ſemaines à l'hôpital ſans aucun ſuccès, je ſuis venu au traitement du Magnétiſme animal le 19 Août, & que j'en ſuis ſorti radicalement guéri le 23 dudit. A Bayonne, le 22 Septembre 1784. Une marque pour ſignature du nommé Languedoc. *Signé*, PRIEUR, Sergent Major, & DE COURCY.

N°. XVI. *Fievre tierce.*

Je ſouſſigné certifie que le nommé Aliſſe, Fourrier-Ecrivain des Chaſſeurs au Régiment de Languedoc, étoit attaqué d'une fievre tierce depuis le 17 Août, prenant le caractere d'une fievre ſoporeuſe, ayant été un jour entier preſque ſans connoiſſance; qu'il a commencé d'aller au traitement du Megnétiſme animal le 29 Août; que la fievre a diſparu le 23, & n'a plus reparu; qu'il eſt ſorti dudit traitement le 10 Septembre ſuivant radicalement guéri, & eſt parti par ſemeſtre quelques jours après. A Bayonne, ce 22 Septembre 1784. *Signé*, PRIEUR, Sergent.

Je certifie véritable les faits & la signature ci-dessus. *Signé*, DE COURCI.

N°. XVII. *Douleurs, suite d'une chûte.*

Je certifie qu'étant attaqué de douleurs aux reins & à tout le dos, pour avoir tombé d'un arbre, & pour lesquelles j'ai été infructueusement à l'hôpital, je suis venu au traitement du Magnétisme animal le 22 Août, & que j'en suis sorti radicalement guéri le 3 Septembre suivant. A Bayonne, le 4 Septembre 1784.

Une croix pour marque du nommé Malerbe; & plus bas, *signés* MILLOT, Fourrier, & SAUVETERRE, Capitaine en second.

N°. XVIII. *Fievre tierce.*

Je certifie qu'étant attaqué d'une fievre tierce depuis quinze jours, je suis venu au traitement du Magnétisme animal le 22 Août; que la fievre n'a plus reparu le 27, & que je suis sorti dudit traitement, radicalement guéri, le 29 dudit. A Bayonne, le 4 Septembre 1784. *Signé*, LABARTHE.

Je certifie les faits & la signature ci-dessus véritables. *Signé*, DE SANTERRE.

N°. XIX. *Fluxion.*

Je certifie qu'étant attaqué d'une fluxion

à la joue, pour laquelle j'ai été traité infructueusement à l'hôpital, je suis venu au traitement du Magnétisme animal le 29 Août, & que j'en suis sorti radicalement guéri le 5 Septembre suivant. A Bayonne, le 20 Septembre 1784 *Signé*, LIONNOIS; & plus bas, MILLOT, Fourrier.

Je certifie les faits & la signature ci-dessus véritables. *Signé*, DE SAUVETERRE.

N°. XX. *Chûte*.

Je certifie qu'ayant fait une chûte en courant le 12 de ce mois, je perdis toute connoissance; & qu'ayant été touché par M. le Comte de Puysegur, en présence de plus de deux mille personnes, je revins à moi-même, & courus de nouveau; mais que le soir ayant de fortes douleurs à la tête, je fus saigné du pied par son ordre, & continuai pendant deux jours le traitement, après lesquels je me trouvai parfaitement guéri. A Bayonne, le 18 Septembre 1784. Ne sçachant écrire, a fait sa croix, pour marque du nommé Romarin; & plus bas, *Signé*, PRIEUR, Sergent Major.

Je certifie les faits, la marque & la signature ci-dessus véritables. *Signé*, COURCI.

Nous Lieutenant-Colonel du Régiment d'Infanterie de Languedoc, certifions avoir vérifié les faits & signatures ci-dessus énoncés, lesquels ayant trouvé véritables, foi doit leur être ajoutée. A Bayonne, le 9 Octobre 1784. *Signé*, REGNAUD, Lieutenant-Colonel, commandant le Régiment de Languedoc.

Je soussigné déclare avoir en mon pouvoir les certificats, dont copie est ci-dessus & des autres parts, que je m'oblige de représenter à qui il appartiendra, & les rétablir à M. le Chevalier de Lagarde, Capitaine-Commandant au Régiment d'Infanterie de Languedoc, ou à celui qu'il me désignera. A Bayonne, le 9 Octobre 1784. *Signé*, DUHALDE, Notaire Royal.

COPIE collationnée des Certificats des Malades guéris par le Magnétisme animal à Bayonne, dont les originaux sont déposés chez M. Duhalde, Notaire Royal à Bayonne.

N°. I. *Coliques.*

GRacieuse Dartos, de Bayonne, âgée de cinquante ans, sujette à des douleurs de coliques violentes, en eut une très-vive le 10 Septembre à neuf heures du matin: elle prit, par ordre de son Médecin, des bains, des tisannes, des potions huileuses, des lavemens, des cataplasmes, enfin tout ce qu'on put imaginer pour la soulager. A huit heures du soir, voyant le peu de succès de tant de remedes, on recourut aux secours spirituels; mais quoiqu'on désespérât d'elle, on fit prier M. de Puysegur de la magnétiser. Il fut chez la malade avec sa générosité ordinaire; la guérit assez vîte, & lui procura un sommeil tranquile pendant toute la nuit. Le lendemain, elle n'avoit plus de ressentiment de sa colique. Elle a suivi ce traitement jusqu'au 14, & ne l'a quitté qu'après avoir entiérement recouvré sa santé & ses forces. *Signés*, Pierre d'Artos, Maître Voilier; Gracieuse Rey d'Artos; M. Lalanne, Maire de la Ville; M. Lesceps, Greffier.

N°. II. *Hydropisie, suppression de regles.*

Marguerite d'Anglade, de Bayonne, âgée de trente-un ans, ayant été traitée par M. Hasambiliaque, Médecin, est venue réclamer les secours du Magnétisme le premier Septembre, pour une hydropisie considérable, avec suppression de regles depuis trois mois, qu'elle a dit être la suite d'un accouchement très-laborieux. Le 3, les eaux ont commencé à transuder par les pores de ses jambes, qu'on avoit miſes dans des bocaux de verre magnétiſés. Elles furent peſées par le mari, & ont produit la premiere fois une once un quart. Cette évacuation allant toujours en augmentant, s'eſt portée un jour à cinq demi-ſetiers.

Le 8, a paru une perte d'un ſang noîrâtre & par caillots. Le 12, les eaux ont ceſſé de couler, & l'enflure étoit totalement diſſipée. La perte étoit alors d'un ſang à-peu-près naturel. Le 15, la perte a tout-à-fait ceſſé; les forces & l'appétit ont commencé à renaître, & le 18 elle a quitté le traitement totalement guérie.

Signés MARTIN NAPIAS, ſon mari; M. LALANNE, Maire; M. LESCEPS, Greffier.

Nº. III. *Aſthme ſec.*

Beauregard, Invalide de Bayonne, âgé de ſoixante-trois ans, avoit un aſthme ſec depuis quatre mois, avec une fievre quotidienne depuis trois mois, & beaucoup de dégoût; ſa reſpiration étoit continuellement gênée. Il a commencé le traitement magnétique le 28 Août, & eſt ſorti du traitement entiérement guéri le 15 Septembre, la fievre ayant ceſſé le 8. *Signés*, M. LALANNE, Maire; M. LESCEPS, Greffier.

N°. IV. *Épilepſie.*

Jeanne Hoſteguy, d'Anglet, eſt venue avec un enfant de quatre mois qui avoit des accès d'épilepſie preſque tous les jours. Il a commencé le traitement le 28 Août; le 4 Septembre les accès ont diſparu. La mere étoit malade de langueur; elle a été ſujette aux criſes magnétiques. Elle a quitté le traitement le 10 Septembre, guérie ainſi que ſon enfant.

N°. V. *Coliques d'eſtomac.*

Marie Clavery, de Saint-Jours, âgée de trente-trois ans, ſujette depuis environ deux ans à des coliques d'eſtomac très-vives, qui ſe faiſoient reſſentir preſque chaque jour, & pour leſquelles elle a employé tous les ſecours de la médecine, s'eſt préſentée au traitement magnétique le 9 Septembre, & s'eſt retirée peu de jours après, ſe diſant bien guérie.

N°. VI. *Fievre double-quarte, avec contraction de tous les membres pendant l'accès.*

Marthe Adam, d'Anglet, âgée de dix ans, ayant les fievres double-quarte depuis trois ans, éprouvant à chaque accès contraction de tout le genre nerveux, au point que tous ses membres, sa bouche, ses yeux se contournoient entiérement ; état qui duroit pendant tout l'accès, ce qui la nécessitoit en marchant de porter son corps sur les chevilles des pieds. Ayant fait usage de tous les secours de la médecine inutilement, elle s'est présentée au traitement avec ses pieds enflés le 4 Septembre ; elle s'est retirée parfaitement guérie le 13.

N°. VII. *Rhumatisme.*

Marianne, servante de M. Dubosq, Major du Château neuf de Bayonne, âgée de vingt-cinq ans, s'est présentée au traitement le 19 Août, ayant des douleurs rhumatismales dans toute l'extrémité supérieure droite depuis trois mois, qui n'ont pu céder aux remedes ordinaires, fut guérie le 5 Septembre. *Signé*, M. Dubosq.

N°. VIII. *Épilepsie, fievre.*

Pierre Rejou, âgé de deux ans, sujet à des accès d'épilepsie depuis quatre mois, ayant de plus une fievre continuelle avec un ulcere considérable sur le *scrotum*, a été présenté au traitement, fort foible & exténué, le 24 Août, & en a été retiré bien guéri le premier Octobre. *Signé*, Marie Duthurbide.

N°. IX. *Douleurs de tête anciennes, invétérées.*

Jeanne Sardias, de Bayonne, âgée de quarante-huit ans, ayant des douleurs à la tête depuis douze ans, à la ſuite d'un chagrin, a fait ſans aucun ſuccès une infinité de remedes, s'eſt préſentée au traitement le 24 Août, & s'eſt retirée bien guérie le 6 Septembre. *Signés*, JEANNE SARDIAS & CHELAUCE; M LALANNE, Maire; M. LESCEPS, Greffier.

N°. X. *Fluxion.*

Le 25 Septembre, le Pere Ducourtieux, Relig. Aug. à Bayonne, eut une fluxion ſur la joue gauche, qui augmenta ſi fort juſqu'au 29, que le deſſous du menton étoit extraordinairement enflé & très-dur. Il ſe préſenta au traitement le 30 Septembre; le ſoir du même jour la douleur ceſſa; & le troiſieme, la dureté & l'enflure furent totalement diſſipées. *Signés*, F. DUCOURTIEUX, Relig. Aug.; P. LARRIEU, Provincial.

N°. XI. *Fievre quarte ancienne & ſuppreſſion des mois.*

Marie Bonnet, de la Paroiſſe Duſtarits, quartier Daſamets, âgée de trente ans, s'eſt préſentée le 27 Août au traitement de M. de Puiſegur avec une fievre quarte depuis quinze mois, ſuppreſſion des regles depuis cinq mois, épuiſée, foible, hors d'état de faire aucun travail, fatiguée des remedes dont elle avoit fait uſage ſans aucun ſuccès. Le 3 Septembre la fievre a manqué, & n'a plus reparu; le 7 l'écoulement des regles s'eſt rétabli; elle s'eſt retirée bien guérie le 10 Septembre.

Signés, MARIE BONNET; M. MONDOSEGUI, Notable; M. SESCOSSE, Chirurgien; M. BEHOLA, Vicaire.

N°. XII. *Jauniſſe.*

Jean Lacouture, de Bayonne, Maître Cordonnier, s'eſt préſenté au traitement le 24 Août, ayant une jauniſſe générale depuis environ trois mois, & après avoir fait uſage, ſans ſuccès, des ſecours de la Médecine. Il s'eſt retiré le 16 bien guéri.

Signé, JEAN LACOUTURE.

N°. XIII. *Douleur à l'eſtomac, gonflement & dureté à la rate.*

Placide Louet, de Bayonne, âgée de vingt-ſix ans, s'eſt préſentée au traitement de M. de Puyſegur le 30 Août, ayant depuis trois ans des douleurs d'eſtomac avec dégoût, douleurs & gonflement à la rate. Elle s'eſt retirée bien guérie le 23 Septembre. Elle a fait ſigner ſa Maîtreſſe. *Signés*, MARIANNE DARBON; M. LALANNE, Maire; M. LESCEPS, Greffier.

COPIE de la Lettre de M. le Curé de St. Pierre d'Irube, à M. de Puyſegur.

UN Monſieur de vos Eleves m'a fait l'honneur de m'adreſſer le certificat ci-joint, avec priere de le ſouſſigner après que j'en aurai fait la vérification. C'eſt à quoi j'ai procédé hier, & j'ai trouvé que ce que je certifie eſt exactement vrai; ayant fait venir chez moi cette petite infirme, j'ai eu la ſatisfaction de la voir marcher autant que ſon âge peut le comporter.

Je n'ai pu faire ſigner ce certificat à aucun parent de l'enfant guéri, parce qu'ils ne ſçavent pas ſigner, non plus qu'au Chirurgien, parce qu'il eſt abſent.

Je profite de cette occaſion pour vous ſupplier de vouloir continuer à mes Paroiſſiens vos charitables ſoins; ils en diſent mille biens, & ſont pleins de reconnoiſſance pour le ſoulagement qu'ils retirent de vos bons traitemens. *Signé*, GELOS, Curé.

N°. XIV.

N°. XIV. *Fievre lente & foibleſſe des extrémités inférieures.*

Marie Daſmandal, de la Paroiſſe de Saint-Pierre d'Yruby, âgée de dix-neuf mois, a été préſentée au traitement de M. de Puyſegur avec une fievre qu'elle avoit depuis quatre mois. Cette fievre avoit été la ſuite d'une brûlure aux extrémités inférieures, qui étoient devenues ſi maigres & ſi foibles, qu'elle ne pouvoit ſe tenir droite. Elle a été préſentée le 28 Août, & en a été retirée guérie le 12 Septembre. En foi de quoi donné à Saint-Pierre d'Yruby le 24 du mois de Septembre 1784.

Signé, GELOS, Curé.

N°. XV. *Rétention d'urine.*

Joſeph Dartet fils, Boulanger de Bayonne, attaqué d'une rétention d'urine provenant de s'être retenu trop long-temps d'uriner, pour laquelle il fut ſaigné une fois, prit des tiſannes apéritives, fut mis au demi-bain, & eut des cataplaſmes emolliens appliqués ſur la région du bas-ventre, le tout infructueuſement; ce qui le néceſſita de recourir au traitement magnétique, vu les vives douleurs qu'il éprouvoit depuis le matin à neuf heures juſques à huit du ſoir, ſans avoir reſſenti le moindre calme dans cet intervalle. Il fut magnétisé par M. le Comte de Puysegur à huit heures du soir, & les urines prirent leur cours vers les neuf heures, un instant avant d'être mis dans le demi-bain, où il acheva, à l'aide du magnétisme, de les rendre toutes; les douleurs calmées, le pouls revenu dans son état naturel, & étant dans un aise parfait, M. le Comte lui fit prendre une petite tartine de pain avec la gelée de groseilles, & par-dessus lui fit donner un coup à boire avec du vin, de l'eau & du sucre magnétisé, ce qui lui procura la nuit la plus douce, & n'a rien ressenti depuis lors. *Signés* JOSEPH DARTET; LAFONTAINE; CONSILENY, M. LALANNE, Maire; M. LESCEPS, Greffier.

N°. XVI. *Douleurs aux reins.*

Je certifie que le nommé Pierre Tessier, Matelot du département de Vannes, âgé de quarante ans, embarqué sur le navire particulier le *Saint-Laurent*, duquel je suis Capitaine, étant attaqué de douleurs aux reins, sans pouvoir marcher depuis le 10 Septembre, le 13 dudit je l'ai fait transporter, aidé par un autre Matelot; il a été ledit jour magnétisé par M. le Comte de Puysegur, qui a continué jusqu'au 12 dudit, & il a été radicalement guéri. En foi de quoi j'ai délivré le présent à Bayonne, le 22 Septembre 1784. *Signé*, LUCOS, Capitaine dudit navire. † Pour ledit Tessier, ne sçachant signer. *Signés*, M. LALANNE, Maire de Ville; M. LESCEPS, Greffier.

N°. XVII. *Rhumatisme goutteux.*

Mardochée, Juif, de Bayonne, âgé de soixante ans, avoit un rhumatisme goutteux depuis sept ans sur les extrémités supérieures & inférieures, la jambe droite trainant un peu, & fatigué d'avoir essayé tous les secours de la Médecine ordinaire, a commencé le traitement magnétique le 27 Août; fort soulagé & marchant bien le 10 Septembre 1784, où il a quitté le traitement pour vaquer à ses affaires. *Signés*, MARDOCHÉE SILVA; ARCONS RODRIGUES; M. LALANNE, Maire de la Ville; M. LESCEPS, Greffier.

N°. XVIII. *Colique très-vive.*

Mlle. Jeanne Jacquand, de Bayonne, épouse du Crieur public de la Ville, âgée de quarante-deux ans, attaquée depuis huit jours d'une colique qui devint si vive le huitieme, qu'elle fut en pleurant demander du soulagement à M. le Comte de Puysegur; cette colique n'étant que l'effet d'une suppression de menstrues, fut calmée par le retour des regles déterminées par les ſoins de M. de Puyſegur ; cependant les douleurs ont continué à ſe faire ſentir, mais foiblement, trois ou quatre jours encore, & n'ont cédé tout-à-fait que lorſque les ſpaſmes détruits par l'effet du magnétiſme, les regles ont pu couler plus facilement. *Signés*, JEANNE JACQUAND ; JACQUAND, Crieur, ſon mari ; M. LALANNE, Maire de la Ville ; M. LESCEPS, Greffier.

N°. XIX. *Rhumatiſme.*

M. François Maubuſin, Courier de Bayonne, âgé de cinquante ans, avoit un rhumatiſme à l'extrémité ſupérieure droite depuis trois ans, qui l'empêchoit d'écrire un certain temps de ſuite, avoit eſſayé infructueuſement l'uſage des frictions, des bains & d'autres remedes, a commencé le traitement magnétique le 20 Août ; le 28 il étoit infiniment ſoulagé, pouvant écrire avec aiſance tout le temps qu'il vouloit, & uſant de ce bras comme de l'autre, ſans ſouffrir ; mais il a été obligé d'interrompre le traitement pour faire à cheval le voyage de Paris en Courier extraordinaire. Il eſt revenu bien portant. *Signés*, MAUBUSIN ; M. LALANNE, Maire de la Ville ; M. LESCEPS, Greffier.

XX. *Douleurs très-vives à la jambe.*

Catherine Verdier, fille de la Cantiniere du Château vieux, âgée de trente-deux ans, avoit des douleurs vives à la jambe droite, qui l'empêchoient de marcher depuis huit jours, & la retenoient au lit depuis quatre. Magnétisée chez elle le 27 Août, elle marcha tout de suite ; il lui restoit un engourdissement pour lequel elle se rendit le lendemain au traitement, qu'elle a suivi jusqu'au 7 Septembre, époque de son entiere guérison. *Signés*, CATHERINE VERDIER, veuve Simard ; M. LALANNE, Maire de la Ville ; M. LESCEPS, Greffier.

XXI. *Douleurs anciennes à la tête & à l'estomac.*

Mademoiselle Susanne, Modiste de Bayonne, âgée de vingt-trois ans, ayant des douleurs à la tête & à l'estomac, avec des vapeurs depuis deux ans ; traitée sans succès par la Médecine ordinaire, a commencé le traitement magnétique le 22 Août 1784, guérie le 6 Septembre de la même année. *Signés*, SUSANNE JEANNOT ; M. LALANNE, Maire de la Ville ; M. LESCEPS, Greffier.

N°. XXII. *Douleurs de tête.*

Mademoiſelle Marie Mezin, de Bayonne, âgée de vingt-un ans, affectée de grands maux de tête, de douleurs d'eſtomac, ayant une perte blanche conſidérable depuis environ deux ans, s'eſt préſentée le même jour au traitement magnétique le 4 Septembre 1784, guérie le 20 dudit. *Signés*, MARIE MEZIN; M. LALANNE, Maire de la Ville; M. LESCEPS, Greffier.

N°. XXIII. *Pâles couleurs, douleurs de reins très-vives.*

Mademoiſelle Joſephe Laugar, de Bayonne, âgée de vingt-trois ans, tendant aux pâles couleurs, éprouvant une extrême difficulté à l'écoulement menſtruel avec des douleurs très-vives, & n'en ayant preſque pas, étant dans cet état depuis environ dix à douze ans; entrée au traitement magnétique le 4 Septembre 1784, guérie le 12 dudit. *Signés*, JOSEPH LAUGAR; M. LALANNE, Maire de la Ville; M. LESCEPS, Greffier.

N°. XXIV. *Douleurs d'eſtomac, & toux ſeche.*

Mademoiſelle Leſceps, de Bayonne,

âgée de quarante-cinq ans, avoit des douleurs d'estomac avec une toux seche. Traitée sans succès par la Médecine ordinaire depuis un an, a commencé le traitement magnétique le 21 Août 1784, fini le 8 Septembre, guérie. *Signés*, Louise Lesceps; M. Lalanne, Maire de la Ville; M. Lesceps, Greffier.

N°. XXV. *Inflammation aux yeux invétérée.*

Jeannette Prévôt, de Bayonne, âgée de onze ans, avoit des inflammations aux yeux plus ou moins considérables depuis trois ans; a commencé le traitement magnétique le 30 Août 1784, guérie le 12 Septembre de la même année.

Signé, Pierre Prevot.

N°. XXVI. *Douleurs & gonflement à la rate, douleurs aux cuisses, pâles couleurs.*

Mademoiselle Jeanne Gentille, âgée de vingt ans, de la Paroisse de Tosse, s'est présentée au traitement par le magnétisme le 16 Septembre, ayant une douleur vive à la rate avec gonflement depuis huit ans, douleurs de cuisses & de jambes, le teint livide & jaunâtre, s'est retirée parfaitement guérie de toutes ses incommodités le 27 du même mois de Septembre,

& a ſigné elle-même le préſent rapport & certificat. *Signée*, JEANNE GENTILLE.

N°. XXVII. *Entorſe ancienne & enflure de la cheville du pied.*

Catherine Bureau, de Bayonne, âgée de treize ans, avoit pris une entorſe au pied depuis trois mois, qui lui avoit laiſſé une groſſeur à la cheville, de maniere à ne pouvoir appuyer le talon; ayant uſé infructueuſement des ſecours ordinaires, a commencé le traitement magnétique le 26 Août, entiérement guérie le 15 Septembre.

N°. XXVIII. *Rhumatiſme.*

Pierre Laſuze, du Boucaud, âgé de ſoixante-cinq ans, avoit un rhumatiſme aux reins depuis trois ou quatre ans. Il a commencé le 28 Août, & a quitté le traitement le 9 Septembre ſans la moindre douleur, & parfaitement guéri.

N°. XXIX. *Aſthme ſec.*

Jeanne Laſuze, âgée de neuf ans, aſthme ſec depuis quatre ans, commencé le traitement le 28 Août, partie guérie le 9 Septembre.

N°. XXX. *Rhumatiſme.*

Pierre Charrié, de Bayonne, Charpentier au Parc du Roi, s'eſt préſenté à la fin d'Août au traitement avec des douleurs rhumatiſmales à la cuiſſe qui l'empêchoient de marcher, s'eſt retiré bien guéri le 20 Septembre.

N°. XXXI. *Paralyſie.*

M. Perruquy, Chirurgien, dit Satſou, avoit depuis long-temps une paralyſie imparfaite de tout le côté droit, pour laquelle il a fait tous les remedes de la Médecine. Il s'eſt préſenté au traitement, marchant en traînant ſa jambe, avec le ſecours d'un bâton, ne pouvant ſe ſervir de ſon bras, entendant & voyant très-peu du côté droit, s'eſt retiré guéri au bout d'un mois.

Signé, PERRUQUY, Chirurgien.

N°. XXXII. *Douleurs & enflure à la cheville du pied.*

Mademoiſelle Mille, de Bayonne, âgée de cinquante ans, avoit des douleurs vives & une enflure à la cheville du pied, qui la faiſoit boîter depuis une chûte. Depuis environ trois mois elle avoit fait uſage, ſans ſuccès, des remedes ordinaires. Entrée au traitement le 20 Août, s'est retirée guérie le 3 Septembre. *Signée*, femme MILLE.

N°. XXXIII. *Vue trouble, Bourdonnement d'oreille.*

Marie Bordes, de Bayonne, âgée de soixante ans, avoit la vue extrêmement trouble, avec bourdonnement considérable dans l'oreille droite depuis environ huit mois ; entrée au traitement magnétique le 22 Août, s'est retirée guérie le 6 Septembre.

N°. XXXIV. *Asthme sec.*

Catherine Dithurbide, de Bayonne, âgée de trente-un ans, attaquée d'un asthme sec depuis sa derniere couche, il y a environ douze ans, & ayant employé infructueusement tous les remedes ordinaires qui lui ont été administrés, est entrée au traitement magnétique le 22 Août, retirée guérie le 2 Septembre.

N°. XXXV. *Douleur de tête continuelle.*

Louise Dithurbide, sa fille, âgée de douze ans, ayant un grand mal de tête continuel depuis deux ans ; entrée au traitement magnétique le 22 Août, retirée guérie le 8 Septembre.

N°. XXXVI. *Fievre tierce.*

Jean Capmas, de Bayonne, âgé de quatorze mois, ayant la fievre tierce depuis un mois; entré au traitement magnétique le 24 Août, retiré guéri le 6 Septembre.

N°. XXXVII. *Rhumatiſme.*

Jeanne Sallabery, de Bayonne, âgée de ſoixante ans, avoit des douleurs de rhumatiſme aux cuiſſes & aux genoux, qui la gênoient extrêmement en marchant; entrée au traitement magnétique le 30 Août, ſortie le 10 Septembre, fort ſoulagée & marchant avec facilité.

N°. XXXVIII. *Fievre & diarrhée invétérée.*

Marie Demaçon, de Bayonne, âgée de deux ans, avoit depuis plus d'un an une diarrhée qui l'avoit réduite à une extrême foibleſſe & à une maigreur hideuſe. Elle s'eſt préſentée au traitement le 30 Août, & s'eſt retirée le 8 Septembre, n'ayant plus ni fievre, ni diarrhée & mangeant de bon appétit.

N°. XXXIX. *Douleur & foibleſſe au genou.*

Je ſouſſigné, ex-Curé d'Aubertin, déclare que je pris un coup violent au genou droit, il y a trois ans, en faiſant une chûte de terre à terre qui me faisoit beaucoup souffrir, & m'empêchoit de marcher, & qui, malgré les remedes ordinaires & les eaux minérales que j'ai pris & où je me suis baigné, me laissoit le genou fort foible & fort souffrant. Depuis le 20 du présent que j'ai commencé le traitement du Magnétisme animal, je me trouve, aujourd'hui 27 du même mois, extrêmement soulagé, ayant beaucoup plus de force à ce genou, marchant sans bâton, ce que je n'avois fait depuis trois ans. Mes affaires domestiques m'empêchent de continuer ledit traitement, que j'espere reprendre le plutôt possible, pour achever une guérison aussi avancée. A Bayonne, le 27 Septembre 1784. *Signé*, DABADIE, ex-Curé d'Aubertin, âgé de cinquante-huit ans.

N°. XL. *Paralysie.*

Le Pere Borit, Religieux Augustin de Bayonne, âgé de soixante-quinze ans, avoit une paralysie de tout le côté droit depuis le mois de Juin de l'année 1783, après bien des remedes aussi-bien administrés qu'inutiles. Le mois d'Août de la même année la goutte se fit sentir à la jambe & au genou droit, & les douleurs donnerent un peu de mouvement à cette jambe, de maniere qu'il put marcher en traînant & à l'aide d'un bâton. Mais il ne pouvoit remuer le bras droit depuis le mois de Mai ; il a la faculté de porter sa main jusqu'à la poitrine. Il n'entendoit presque plus de l'oreille droite, ne voyoit pas de l'œil droit, parloit fort difficilement, sa bouche étoit de travers ; depuis son attaque il ne dormoit pas une heure par nuit, & de temps en temps éprouvoit des douleurs très-vives à l'épaule & au bras droit. C'est dans cet état qu'il s'est présenté au traitement magnétique le 28 du mois d'Août. Après le premier attouchement, le Pere Borit (1) porta la main droite sur la tête & derriere les reins, s'en servit pour manger, & dormit toute la nuit ; le lendemain sa bouche se redressa, le troisieme jour il fit la chaîne avec le autres malades, & en peu de jours il a marché aisément

(1) Le Pere Hervier, Augustin, passant alors à Bayonne au retour de son voyage de Bannieres, & se trouvant dans le Couvent de son Ordre le jour de la Fête de son Patron, crut ne pouvoir mieux en célébrer la Fête qu'en rappellant la vie & le mouvement qui depuis quelque temps abandonnoit son Confrere. En effet, ce fut lui qui le magnétisa la premiere fois, & le mit sur le champ en état de porter son bras jusqu'à sa tête. Le Pere Hervier contraint de partir le lendemain, le recommanda aux bontés de M. de Puysegur.

ſans bâton & ſans traîner le pied. Depuis lors il fait de ſa main droite tout ce qu'il veut, parle fort diſtinctement, voit & entend du côté droit comme du côté gauche, s'aſſeoit & ſe leve ſans appui, mange de bon appétit, dort fort bien, & ne reſſent plus aucune douleur quelque temps qu'il faſſe. *Signé* F. BORIT, Religieux Auguſtin.

Je déclare que le tout eſt conforme à l'expoſé. A Bayonne, le 4 Octobre 1784. *Signé*, Frere MARSALEUX, Prieur des Auguſtins.

Je ſouſſigné certifie la préſente atteſtation conforme à la vérité. *Signé*, F. D. G. LARRIEU, Provincial des Grands Auguſtins. A Bayonne, le 4 Octobre 1784.

Certificat de Meſſieurs les Maire & Echevins de la Ville de Bayonne.

Nous Maire & Echevins & Conſeil de la Ville de Bayonne, certifions que les perſonnes ci-deſſus, dont nous avons ſigné les certificats de guériſon, ont comparu devant Nous, & que lecture leur ayant été faite de leurs déclarations ci-deſſus, elles ont atteſté la vérité de l'expoſé qu'elles renferment. Certifions au ſurplus que dans les traitemens qui ont été faits publiquement par M. le Comte de Puyſegur, Meſtre de camp en second du Régiment de Languedoc, & ses Eleves, il ne s'est rien passé contre la décence & l'honnêteté. En foi de quoi nous avons expédié les Présentes, signées de M. de Lalanne, Maire, & du Greffier-Secretaire de la Ville de Bayonne, le 1er. Octobre 1784. *Signé*, DE LALANNE, Maire; LESCEPS, Greffier.

Nous soussignés, ayant été invités par Monsieur le Comte Maxime de Puysegur à visiter & constater l'état des malades qu'il se proposoit de traiter par le moyen du Magnétisme animal, certifions ce qui suit:

1°. Que tous les faits de guérison attestés ci-dessus sont conformes à la plus exacte vérité & à l'état journalier que nous avons tenu.

2°. Que presque tous les autres malades ont éprouvé des soulagemens marqués, & que pas un n'a ressenti de mauvais effets.

3°. Certifions de plus que ne pouvant douter, d'après ces faits, qui se passoient sous nos yeux, de l'existence du Magnétisme animal, ni de son efficacité dans le traitement des maladies même les plus rebelles à la Médecine, nous avons témoigné à M. le Comte Maxime de Puysegur le desir le plus vif de connoître cette importante méthode de guérir & de préſerver les hommes, auxquelles inſtances il a bien voulu répondre en uſant envers nous du pouvoir d'inſtruire que lui a conféré M. Meſmer & ſa Société. En foi de quoi nous avons ſigné le préſent certificat, pour lui être donné telle publicité qu'il voudra. A Bayonne, ce 1er. Octobre 1784. *Signés*, GAUBE, Apothicaire; MONBALON, Médecin; COMMAMALE, Chirurgien; WATON, Chirurgien-Major du Régiment de Languedoc.

Je ſouſſigné déclare qu'à la priere des ſuſnommés, j'ai en mon pouvoir les originaux des certificats dont la copie eſt des autres parts, pour les repréſenter à qui il appartiendra, ou les rétablir à leur premiere requiſition. Fait à Bayonne, le 9 Octobre 1784. *Signé*, DUHALDE, Notaire Royal.

COPIE

ÉTAT des Malades traités par M. le Comte MAXIME DE PUYSEGUR *& ses Eleves, qui sont en voie de guérison, & continuent à suivre le traitement de Bayonne.*

N°. I. *Colique & maux d'estomac.*

MAdemoiselle Prudant, de Bayonne, âgée de trente-six ans, fut présentée au traitement le 25 Août, pour des maux d'estomac, colique, dégoût, & une diarrhée qu'elle a depuis plus de quatre ans. Les maux d'estomac & de colique ont cessé, ainsi que le dégoût, depuis le 20 Septembre. La diarrhée est beaucoup moindre.

N°. II. *Paralysie totale, suite de poison.*

Salvat Stilat, de Vilaranque, âgé de vingt-trois ans, tout-à-fait paralytique des extrémités, tant supérieures qu'inférieures, depuis environ six mois, à la suite d'un empoisonnement. Il avoit tellement perdu le mouvement de ses membres, qu'il falloit lui mettre les alimens dans la bouche, & le porter d'un lieu dans un autre toutes les fois qu'il en vouloit changer. Il a commencé le traitement le 27 Août. Aujourd'hui, 27 Septembre, il marche en appuyant ſeulement la main ſur l'épaule de ſa mere; il porte les mains à la tête, mais le mouvement du poignet & des doigts n'eſt pas encore bien libre.

N°. III. *Pâles couleurs.*

Marie Leroi, de Bayonne, âgée de vingt-trois ans, avoit des maux d'eſtomac violens, des pâles couleurs, occaſionnées ſans doute par le défaut des évacuations périodiques, qui n'avoient pas encore paru. Elle a commencé le traitement le 28 Août. Le 7 Septembre les maux d'eſtomac ont diminué; les regles ont commencé à couler; la couleur revient chaque jour, & on attend la ſeconde époque pour l'entiere guériſon.

N°. IV. *Tache à l'œil.*

Annette Plombard, de Bayonne, âgée de ſeize ans, avoit depuis trois ans une tache ſur l'œil gauche qui la rendoit tout-à-fait borgne. Elle eſt entrée au traitement le 28 Août; elle a commencé à y voir de cet œil le 20 Septembre. Aujourd'hui 27, elle a diſtingué des objets aſſez médiocres.

N°. V. *Rachitisme, jambe raccourcie.*

Etienne Duchemin, de Bayonne, âgé de seize ans, avoit la jambe droite, depuis quatre ans, retirée au point qu'il ne pouvoit appuyer le talon, & par conséquent marcher que très-difficilement à l'aide d'un bâton. Après avoir fait les remedes indiqués par l'art, & mis en usage les eaux minérales sans succès, il s'est présenté au traitement dans l'état ci-dessus le premier Septembre. Le 15, il a marché en appuyant le talon, ce qu'il a continué de faire, pouvant se soutenir sans bâton, & sa jambe prenant tous les jours plus de force, & devenant plus susceptible d'extension.

N°. VI. *Ophtalmie invétérée.*

Clérine Rey, de Bayonne, âgée de quinze ans : inflammation considérable aux yeux, avec engorgement aux paupieres depuis quatre mois, qui ne lui permettoient pas de souffrir la lumiere ; obligée par conséquent de porter un bandeau ; a commencé le premier Septembre, & aujourd'hui 27 l'engorgement est totalement dissipé. L'inflammation diminue chaque jour ; la vue lui est tout-à-fait revenue, & elle a quitté son bandeau.

N°. VII. *Idem.*

Jeanne Barbier, ſervante de M. de Caſtelnau, âgée de trente-trois ans : douleurs & inflammations conſidérables aux yeux depuis neuf mois, malgré tous les remedes qu'elle a pris juſqu'à préſent, a commencé le premier Septembre, & elle eſt aujourd'hui 27 preſque guérie, la douleur ayant totalement ceſſé, & l'inflammation n'étant que très-peu de choſe.

N°. VIII. *Tache ſur l'œil.*

Marie Daptat, de Bayonne, âgée de quinze ans, avoit depuis ſix ans une tache ſur l'œil droit qui la rendoit abſolument borgne ; ayant inutilement fait beaucoup de remedes, elle s'eſt préſentée au traitement le 6 Septembre ; a commencé à voir de cet œil le 18 ; & depuis cet organe ſe fortifie chaque jour, de maniere qu'elle diſtingue aſſez bien les objets.

N°. IX. *Paralyſie ; ſuite de couche.*

Catherine Lalanne, de Tarnos, âgée de quarante-cinq ans, eut des couches laborieuſes il y a onze ans, à la ſuite deſquelles elle eſt reſtée paralyſée des extrémités inférieures, avec des douleurs conſidérables aux reins. De plus, ſuppreſſion des regles depuis ſix mois. Elle a été deux fois inutilement aux eaux de Dax & à celles de Saubuſſe. Elle s'eſt préſentée au traitement le 6 Septembre. Le 16, ſes regles ont paru ; elle a pu ſe redreſſer, & a commencé de marcher plus aiſément ; ce qu'elle continue de faire chaque jour.

N°. X. *Tache couvrant l'œil.*

Jeanne Larrieu, de Bayonne, âgée de trente-ſix ans, abſolument borgne de l'œil gauche depuis neuf ans, par une tache qui lui couvre la prunelle, eſt venue au traitement le 8 Septembre ; a commencé à y voir de cet œil le 18, & journellement elle diſtingue les objets de mieux en mieux.

N°. XI. *Mal de tête & de poitrine.*

Anne Touſſain, de Bayonne, âgée de trente ans, douleurs à la poitrine, avec toux ſeche, maux de tête preſque continuels depuis deux ans, a commencé le traitement magnétique le 26 Août. Aujourd'hui 27 Septembre les douleurs à la poitrine, & la toux, ſont totalement diſſipées ; la tête n'eſt pas entiérement dégagée.

N°. XII. *Vieux ulcere.*

La veuve Pommirol, de Bayonne, âgée de soixante ans, avoit un ulcere depuis douze ans à la partie inférieure interne de la jambe, provenant d'une humeur dartreuse ; elle s'est présentée au traitement magnétique le 24 Août. Aujourd'hui cet ulcere est fermé, après avoir jeté dans un bocal magnétisé une matiere d'abord saigneuse, ensuite blanchâtre, enfin lymphatique ; il n'y reste qu'une croûte qui se desseche journellement.

N°. XIII. *Paralysie de la moitié du corps.*

Jean Mazarin, de Bayonne, âgé de douze ans, s'est présenté au traitement magnétique le 24 Août, ayant la jambe & le bras du côté droit paralytique ; de maniere qu'il traînoit cette jambe, & ne pouvoit absolument se servir de la main, dont les doigts étoient fermés fortement. Aujourd'hui 27 du mois de Septembre, il marche aisément, se soutient sans peine sur la jambe droite, & commence à se servir de la main, dont il peut ouvrir les doigts à volonté sans le secours de l'autre main.

N° XIV. *Surdité de dix-huit ans.*

Mademoiſelle Lapierre, à Bayonne, âgée de quarante ans, ſourde depuis dix-huit ans, avec un bourdonnement ſi conſidérable, qui l'inquiétoit plus que la ſurdité; même ce bourdonnement l'avoit jetée dans une triſteſſe & un dégoût étonnant. Elle avoit de plus un commencement d'hydropiſie. Préſentée au traitement le 21 Août; dans la premiere quinzaine elle a commencé à entendre de l'oreille gauche; les urines ont été pendant deux jours ſi abondantes, qu'elle étoit obligée de les rendre à chaque inſtant; le gonflement du ventre a totalement diſparu; l'appétit eſt revenu, de même que la gaieté. Depuis le 8 Septembre la tranſpiration de la tête eſt conſidérable; elle reſſent quelques douleurs à l'oreille droite, dont elle ne ſe rappelle pas avoir jamais entendu, qui ſemblent lui indiquer qu'il doit s'y établir un mouvement.

N°. XV. *Paralyſie.*

Maria Camadeyro, de Saint-Pierre Deyrubé, âgée de dix-neuf ans, fut préſentée le 7 Septembre; paralyſie du bras gauche, de la jambe & cuiſſe droite; de maniere qu'elle ne pouvoit abſolument ſe servir de ces membres. Le 20, elle a commencé à marcher, & elle remue son bras.

N°. XVI. *Épilepsie & tache sur l'œil.*

Jean Lassale, de Salier, âgé de seize ans, s'est présenté le 20 Septembre épileptique, & ayant de plus une tache sur l'œil gauche qui l'empêchoit de voir de cet œil-là. Au bout d'un mois, cette taie c'est dissipée; il voit très-bien, & n'a pas eu d'accès d'épilepsie depuis qu'il est au traitement.

Certifié véritable & conforme à l'état que nous en avons tenu. *Signés*, GAUBE, Apothicaire; COMMAMALE, Chirurgien; MONBALON, Médecin; & WATON, Chirurgien-Major du Régiment de Languedoc.

Depuis, M. de Puysegur ayant appris que la Société de Guienne se proposoit de publier sa lettre & les faits ci-dessus, a écrit à M. Duhalde, Notaire, pour l'autoriser à fournir de l'argent, jusqu'à la somme de 600 liv., à quiconque seroit tenté de contester les faits contenus tant dans la lettre que dans les certificats, afin de subvenir aux frais de vérification & d'impression, pourvu toutefois que les preuves résultantes fussent revêtues de formalités authentiques & irrécusables, telles que celles ci-dessus, & que le contestateur voulût bien se nommer.

OBSERVATIONS communiquées par M. GACHET DE LISLE, Négociant (1).

OBSERVATION PREMIERE.

LA nommée Payſan, de la Paroiſſe Ste. Magne dans les Landes, âgée de cinquante-ſix ans, avoit tout le côté droit paralyſé depuis ſept ans, avec impoſſibilité abſolue de marcher. La premiere ſéance, qui fut de trois quarts d'heure, la dégagea au point de lui permettre de porter le bras au-deſſus de la tête. Cette malade magnétiſée le printemps dernier pendant trois ſemaines, & cette automne pendant douze jours, eſt radicalement guérie.

---

(1) Ces détails ne furent pas remis à temps pour être claſſés à leur place; mais on n'a pas voulu en priver le Public. Les ſoins ſoutenus que donnent au Magnétiſme les perſonnes d'une profeſſion étrangere à la Médecine, ſont ſur-tout de nature à faire impreſſion ſur les bons eſprits & les cœurs honnêtes : cette induction vaut peut-être celle que l'on tire des prétendus raiſonneurs qui n'ont nulle idée de la choſe, & de tant de plaiſanteries ſi rarement plaiſantes.

Observation deuxieme.

David Piot, de la Paroisse de Saucats dans les Landes, âgée de dix-sept ans, avoit depuis trois ans, à la rate, une obstruction si considérable, que la main pouvoit à peine la couvrir, & que l'œil la distinguoit sensiblement. Traité le printemps dernier pendant trois semaines, & cette automne pendant dix jours, ce malade est radicalement guéri.

Observation troisieme.

Le nommé Balause, Brassier de la Paroisse Sainte-Magne dans les Landes, âgé de cinquante-deux ans, souffroit d'une douleur rhumatismale qui s'étendoit au bas de l'épine du dos, sur la hanche, la cuisse & la jambe droites. Il n'avoit pu travailler un seul jour pour gagner sa vie depuis plus d'un mois. Huit jours de traitement ont suffi pour le guérir radicalement. Ce malade étoit susceptible de crise magnétique.

Observation quatrieme.

La nommée Jeannicot, sur la terre de Sainte-Magne, âgée de vingt-quatre ans, avoit une fievre continue depuis huit jours, qui a été radicalement guérie après cinq jours de traitement.

Obſervation cinquieme & ſixieme.

André & Jacob, tous deux fils du nommé Michel, Bouvier ſur la Terre de Sainte-Magne, le premier âgé de vingt-deux ans, & attaqué de fievres intermittentes depuis trois mois, le ſecond âgé de huit ans, également attaqué des mêmes fievres, ont été radicalement guéris dans dix jours de traitement.

Obſervation ſeptieme.

Petit-Jean, dit Berlingo, Paſteur de la Paroiſſe Sainte-Magne, âgé de cinquante ans, ſouffroit depuis vingt ans d'un mal à la tête continuel. Huit jours de traitement ont ſuffi pour le guérir radicalement.

Obſervation huitieme.

Le nommé Arnoutec, Payſan ſur la Terre de Sainte-Magne, étoit dans un état déplorable & déſeſpérant. Aſthmatique depuis cinq ans, il avoit une oppreſſion conſidérable & continuelle, il étoit abſolument privé de ſommeil & d'appétit. Trois ſemaines de traitement au printemps dernier, & douze jours l'automne derniere, ont ſuffi à ſa guériſon radicale.

Obſervation neuvieme.

Madame Faurie, près de la porte du Chapeau-Rouge à Bordeaux, ſe plaignoit d'une douleur rhumatiſmale à la cuiſſe droite, avec enflure conſidérable de la rotule. Elle étoit retenue dans ſa chambre depuis trois ſemaines, avec impoſſibilité abſolue de mouvement. Elle a été radicalement guérie après quinze jours de traitement.

Obſervation dixieme.

Mademoiſelle Faurie aînée, près de la porte du Chapeau-Rouge, étoit ſujette à une fluxion habituelle à la tête. Depuis ſix mois elle en étoit affectée plus fortement, de maniere à avoir la levre ſupérieure & le nez très-enflés, & l'intérieur des narines plein de croutes très-épaiſſes qui ſe renouvelloient ſans ceſſe. Elle a été guérie radicalement après un mois de traitement.

Obſervation onzieme.

Mademoiſelle Roy, rue Saint-Dominique à Bordeaux, ſouffroit depuis cinq jours d'une douleur de ſciatique ſi vive, qu'elle ne pouvoit ſe mouvoir ni ſupporter aucune poſition. Elle s'étoit fait faire des béquilles lorſqu'elle ſe livra au traitement magnétique. La premiere ſéance la ſoulagea au point de ne plus penſer à s'en ſervir, & cinq ſemaines de traitement ont amené une guériſon radicale.

Obſervation douzieme.

Madame Baux, Cours de Tourny, près le Jardin public à Bordeaux, étoit attaquée depuis dix-ſept ans d'une douleur de ſciatique qui ne lui permettoit de marcher qu'avec beaucoup de ſouffrance, & avec le ſecours d'un domeſtique & d'un bâton. Elle eſt dans ce moment ſoulagée au point de pouvoir ſortir à pied, de marcher très-librement, & à la veille d'une guériſon radicale.

Obſervation treizieme.

Madame Gachet aux allées de Tourny à Bordeaux, ſouffroit, lorſqu'elle eut ſevré ſon dernier enfant au mois de Septembre dernier, des ravages de ſon lait qui s'étoit épanché. Les ſeins étoient extrêmement gorgés. Elle ſouffroit auſſi des douleurs très-vives dans les entrailles. Le traitement magnétique, au bout de quinze jours, a remis l'ordre dans les fonctions, & rétabli la ſanté.

LETTRE de M. MALZAC pere, Docteur en Médecine (1), à M. ARCHBOLD, à Bordeaux.

Castres en Albigeois, ce 15 Décembre 1784.

JE m'attendois bien, mon cher Confrere, à trouver dans ma petite Ville des opinions diverses au sujet du Magnétisme animal; mais je ne croyois pas qu'il y regnât une prévention extrême & presque générale contre une découverte qui a par-tout ailleurs tant de partisans, & même, si je l'ose dire, des partisans si enthousiastes.

---

(1) M. Malzac (de l'aveu de M. Barthez, premier Médecin de Monseigneur le Duc d'Orléans) est reconnu pour un des premiers Praticiens de France; consulté & appellé dans les plus grandes Villes, après trente-cinq ans d'exercice, il part du fond du Languedoc pour se rendre à Paris, & se présente modestement dans l'école de M. Mesmer: connoissant toutes les ressources, ainsi que l'insuffisance de son art, il essaie encore d'apprendre: jeune & Académicien, il eût pu tout comme un autre (& sans connoissance de cause) faire mainte sortie contre le Magnétisme; fondre de la morale avec des lieux communs de Philosophie dans d'assez belles phrases; amalgamer le tout avec de longues déclamations médico-métaphysiques; dis-

Je n'eus pas de peine à découvrir la cause de cette prévention ; le fameux Rapport de MM. les Commiſſaires de la Faculté de Médecine de Paris, avoit percé à Caſtres ; on ne s'entretenoit pas d'autre choſe, & cet Ouvrage avoit ſi bien rempli ſon but, que les frondeurs Caſtrais ſe plaiſoient à dire & à répéter juſqu'à la ſatiété, que le Magnétiſme animal n'eſt qu'une charlatannerie, & que tous les Eleves de M. Meſmer ſont des dupes ou quelque choſe de pis.

Vous imaginez bien, mon cher Confrere, que j'ai lu & relu ce Rapport. Cent fois, peut-être, il m'eſt venu dans l'eſprit, en le liſant, qu'il auroit ſuffi à MM. les Commiſſaires de faire une ſeule réflexion, pour que leur Rappott eût été tout différent

ſerter même très-doctement & ſur-tout fort utilement ſur la mort, pour ſçavoir *ſi cet inſtant eſt doux ou pénible*, tandis qu'il ſembleroit plus intéreſſant pour un Médecin d'eſſayer d'éloigner ce moment, que de le définir : chacun a ſa façon de faire. MM. les Amateurs ont été mis à même de choiſir : qu'ils nous permettent de les inviter à lire *les doutes d'un Provincial* adreſſés à MM. les Commiſſaires & à leurs dociles ſectateurs. Cette brochure, au moins auſſi gaie que la très-décente Parade *des Docteurs modernes*, pourroit fort bien paroître un peu plus concluante.

de ce qu'il eſt ; & cette réflexion, c'eſt la préſence du célebre M. Franklin au milieu d'eux, qui auroit dû la leur faire naître. Vous m'obſerverez peut-être que ce ſçavant n'a aſſiſté que deux fois à leurs expériences ; mais une fois ſuffiſoit ; ſon nom même joint à celui des autres Commiſſaires, auroit dû ſuffire pour empêcher qu'elle ne leur échappât. En effet, comment ſéparer le nom de Franklin de l'idée de l'électricité ? & comment penſer à l'électricité, ſans réfléchir « combien il faut être réſervé » lorſqu'il s'agit de prononcer ſur la poſſi- » bilité ou l'impoſſibilité d'un fait, ou quand » il s'agit de l'expliquer (1) ?

Cette réflexion eût dû précéder toute expérience qui avoit pour but une choſe auſſi extraordinaire que le Magnétiſme animal ; mais par malheur pour le Public & pour eux-mêmes, MM. les Commiſſaires ne ſe la ſont pas rappellée.

---

(1) Les nouvelles expériences ſur l'Electricité doivent avoir appris à tous les Phyſiciens, combien il faut être réſervé quand il s'agit de prononcer ſur la poſſibilité ou l'impoſſibilité d'un fait, ou quand il s'agit de l'expliquer. *Aſtruc, Martinenq, de Vandereſſe.* Extrait de l'approbation que la Faculté de Médecine de Paris donna en 1746 à l'obſervation de Médecine ſur un remede contre le rhumatiſme.

Quoi

Quoi qu'il en ſoit de ces Meſſieurs, quelque perſuadé que je fuſſe de l'utilité d'un traitement public ſelon la méthode de M. Meſmer, d'un traitement ſur-tout dirigé avec prudence, & où ne ſeroient admis que les malades auxquels j'aurois les plus fortes raiſons de croire que le Magnétiſme animal pourroit être ſalutaire, le moment n'étoit pas favorable pour l'établir ; j'aurois eu beau citer les guériſons extraordinaires & multipliées qu'on avoit opérées dans les traitemens de Paris, de Lyon, de Buzancy, de Beaubourg, du Cap, de Bordeaux, &c. ; j'aurois eu beau citer notamment la guériſon d'une tumeur ſquirreuſe au ſein, opérée par le Magnétiſme animal, dont j'avois été informé par un des plus ſçavans & des plus habiles Praticiens de l'Europe (1) ; avec cette circonſtance remarquable, que ce même Médecin, fondé ſur cette guériſon extraordinaire, m'avoit conſeillé, le 28 Juin 1783, l'uſage du Magnétiſme animal pour une Dame qui avoit auſſi une tumeur ſquirreuſe au ſein, pour laquelle il lui avoit conſeillé de ſe faire opérer, ce à quoi elle n'avoit pu ſe réſoudre ; on ne m'auroit

(1) M. de Lamure, Doyen des Profeſſeurs de l'Univerſité de Médecine de Montpellier.

pas écouté. On n'auroit cessé de me répéter avec MM. les Commissaires : *Le Magnétisme n'est rien, ou ce n'est qu'un pur charlatanisme ; les effets que vous lui attribuez, c'est la nature qui les opere sans lui ou malgré lui ; je vous défie de produire aucun de ses prétendus effets que je ne puisse attribuer avec bien plus de vraisemblance & de raison, à l'imagination, à la pression de quelque nerf ou à l'imitation.*

On se seroit sur-tout fortement élevé contre les crises convulsives ; j'aurois bien pu observer qu'elles sont rares & légeres ; que les personnes qui les éprouvent en reçoivent un grand soulagement, & qu'elles sont une imitation des crises convulsives que la nature opere dans plusieurs occasions, selon que l'observe le célebre M. Tissot. Enfin, j'aurois pu leur faire voir que ce que ce Médecin dit sur cette sorte de crise (1), s'accorde si parfaitement avec

---

(1) « Une observation que tous les Médecins peuvent avoir occasion de faire, & à laquelle M. Camper est le seul qui paroisse avoir fait attention, c'est que chez les personnes sujettes aux convulsions, & à qui différentes causes peuvent en occasionner, si quelqu'une de ces causes a agi sur elles, & les a dérangées considérablement, elles ne peuvent ordinairement se remettre qu'après

la théorie des crises convulsives de l'Ecole mesmérienne, qu'on le croiroit écrit par M. Mesmer lui-même.

Mais à quoi m'eût servi la citation de M. Tissot? A quoi m'auroient servi ces raisonnemens & l'histoire de ce qui s'étoit passé au loin? Il falloit, pour faire revenir le Public, présenter à ses yeux des faits & des faits frappans. Je résolus donc de différer l'établissement que je m'étois pro-

---

avoir eu des convulsions; c'est l'état, dit M. Camper, d'un ciel nébuleux, qui ne peut s'épurer sans orage. J'ai vu plusieurs fois cet état de mal-aise, d'angoisse, de douleur, de mobilité, d'insomnie, durer plusieurs jours; de légers commencemens de convulsions paroissoient & cessoient, & tous les symptômes continuoient jusqu'à ce que les convulsions eussent paru; ou si le malade paroissoit se trouver tout-à-fait bien, ce n'étoit qu'un bien très-passager; cet état ressemble à celui d'une personne chez qui il existe une cause de fievre; elle est dans un état de langueur jusqu'à ce que la fievre ait paru & se soit terminée par une crise. Dans les nerfs, ce dérangement qui a été produit par une frayeur, une vivacité, une surprise agréable, ne peut se rétablir sans une secousse violente, qui change cet état; & les femmes qui ont éprouvé souvent cette situation, desirent les convulsions, comme le seul moyen d'être bien. » *Traité des nerfs, tom. 2, part. 2, pag. 167.*

posé, & d'attendre que quelque heureuse circonstance, en changeant la disposition des esprits, me mît à même de l'entreprendre avec plus d'utilité : je me proposai, en attendant, de ne négliget aucun moyen de constater, par des observations exactes & très-scrupuleusement faites, l'existence de l'agent découvert par M. Mesmer ; & la découverte, plus précieuse encore, des moyens qu'on peut employer avec succès pour diriger cet agent.

Voici quelques-unes de ces observations, que je regarde comme très-concluantes. Je m'étois proposé de vous rendre compte d'un plus grand nombre ; mais ma lettre ne sera déjà que trop longue, en me bornant à celles-ci. D'ailleurs il faut laisser parler des personnes plus habiles, & sur-tout plus accoutumées que je ne le suis à rendre compte de leurs idées. J'ai tâché en tout temps de recueillir le plus d'observations qu'il m'a été possible, afin de me perfectionner, autant qu'il a dépendu de moi, dans la pratique de la Médecine, & de mériter la confiance du Public. Je m'estimerois d'autant plus heureux, si j'atteins ce but, que j'amais je n'eus d'autre ambition.

Veuillez, mon cher Confrere, communiquer ma lettre à la Société de l'Harmonie de Bordeaux, comme un hommage de mon respect & de mon dévouement, & comme une foible marque de ma reconnoissance à toutes les honnêtetés dont j'ai été comblé par les Membres qui la composent. La Société de Bordeaux pourra, si elle juge ce petit nombre d'observations digne de quelque attention, en faire part à la Société de l'Harmonie de Paris.

Observation premiere.

Mademoiselle F..., qui est sujette depuis plusieurs années à des attaques de mouvemens convulsifs, me pria de la magnétiser.

Avant de le faire, je prévins la mere de la malade que celle-ci pourroit avoir une de ces attaques ordinaires pendant que je la magnétiserois, & que dans le cas où cela arriveroit, on ne devoit point s'en alarmer, parce que j'étois assuré de la calmer.

Après avoir magnétisé la malade pendant quelques instans sans la toucher, je pris ses deux mains avec les miennes, & quatre ou cinq minutes après l'attaque survint.

J'eus la satisfaction de modérer les mouvemens convulsifs, & de les faire finir par un assoupissement que j'annonçai quelques minutes avant qu'il ne survînt.

Réflexions.

La malade ne connoissant point le nom ni les effets du Magnétisme animal, je ne pouvois pas attribuer à l'imagination le développement de l'attaque.

N'ayant touché que les mains de la malade avant ce développement, la compression des nerfs de l'épigastre ne l'avoit pas non plus occasionnée.

D'un autre côté, Mademoiselle F.... n'ayant avec elle que Madame sa mere, qui n'avoit aucune affection convulsive, je ne pouvois regarder cette attaque comme un effet de l'imitation.

Veut-on regarder la diminution & la dissipation des mouvemens convulsifs comme l'ouvrage de la nature? Je ne m'y oppose point; mais on doit accorder pour le moins que mes procédés la mirent en action; car dans plusieurs occasions les mêmes procédés ayant été suivis d'un pareil effet, il est évident qu'ils sont à même de le produire par eux-mêmes, ou qu'ils déterminent la nature à l'opérer.

Observation deuxieme.

Mademoiselle Sageran, âgée de quatre ans, ayant depuis trois jours une fievre varioleuse, perdit connoissance vers les dix heures du soir, & fut dès-lors tourmentée de divers mouvemens convulsifs, qui étoient accompagnés de cris aigus.

Je magnétisai la malade à environ demi-pouce de diſtance, & un inſtant après un ſommeil tranquille ſuccéda aux mouvemens convulſifs & aux cris.

Environ trois quarts d'heure après, le ſommeil fut interrompu par les mouvemens convulſifs accompagnés de cris aigus.

Je plaçai de nouveau ma main à quelque diſtance de la malade, & ſes accidens furent diſſipés.

Cette alternative d'agitation produite par la maladie, & de tranquillité qui ſurvenoit dès que je magnétiſois la malade, dura juſqu'à cinq heures & demie du matin; alors le ſommeil fut permanent, & l'éruption varioleuſe commença de ſe faire.

Réflexions.

Depuis dix heures du ſoir juſqu'à cinq heures & demie du matin les mouvemens convulſifs & les cris ayant été ſuſpendus, & le ſommeil ſuſcité neuf ou dix fois, & cela n'étant arrivé chaque fois que lorſque j'avois ma main dirigée vers la malade à un pouce ou demi-pouce de diſtance, je jugeai que la préſentation de la main avoit déterminé les effets qui ſuccédoient à ce procédé. N'eſt-il pas vraiſemblable que des effets qui ſurviennent neuf ou dix fois dans les mêmes circonſtances, dépendent de ces circonſtances? Quoi qu'il en ſoit, la tranquillité qui ſuccédoit à mes procédés n'étoit certainement point l'effet de l'imagination, ni de la preſſion, ni de l'imitation.

Obſervation troiſieme.

Mademoiſelle S...., qui eſt ſujette à des attaques de paſſion hyſtérique, en eut une en ma préſence, pendant laquelle elle étoit dans un état de gaieté qui ne lui eſt point ordinaire, & qu'on pouvoit regarder comme un léger délire vaporeux.

Je la magnétiſai à environ un pouce de diſtance, & dans quelques ſecondes un aſſoupiſſement ſurvint.

Ayant mis en uſage un procédé différent du premier, l'aſſoupiſſement fut diſſipé, & la gaieté reparut.

Voulant de nouveau faire diſparoître la gaieté, & ſuccéder l'aſſoupiſſement, je préſentai le conducteur au lieu de la main, & ſur le champ j'obtins l'effet deſiré.

Enfin, la gaieté reparut encore à la ſuite des procédés que j'avois déjà employés, & l'aſſoupiſſement lui ſuccéda pour la troiſieme fois, dès que j'eus préſenté ma main à la malade de la même maniere que je l'avois fait auparavant.

Il n'eſt pas inutile d'obſerver que chaque fois que je changeois mes procédés, j'annonçois aux aſſiſtans, qui étoient au nombre de ſept, l'effet que je me propoſois de déterminer.

Réflexions.

Dans cette obſervation, comme dans la précédente, je ne devois point attribuer à la preſſion, ni à l'imitation, l'aſſoupiſſement qui ſuccédoit à la préſentation du doigt ou à celle du conducteur.

Obſervation quatrieme.

Une heure après minuit on vint me prier d'aller au ſecours de Madame ***, Marchande, place des Cordeliers.

Je la trouvai ſans connoiſſance & agitée de divers mouvemens convulſifs; elle étoit pâle & défaite comme les perſonnes qui ſont à l'agonie, elle avoit l'eſtomac extrêmement gonflé, & ſon pouls étoit petit & dur, & en outre inégal de temps en temps.

On me dit qu'elle étoit dans cet état depuis plus de trois heures, quoiqu'on lui eût fait ſentir à pluſieurs repriſes la vapeur du ſouffre, du vinaigre, &c.; on ajouta qu'elle avoit eu pendant quelques jours une perte des plus abondantes, qui étoit actuellement fort diminuée. Je jugeai que la matrice étoit dans un etat de ſpaſme, qui avoit déterminé par ſympathie le même état dans les orifices de l'eſtomac, & que ces deux manieres d'être de la matrice & de l'eſtomac, avoient cauſé d'autant plus facilement l'accident de la malade, que la perte qu'elle venoit d'eſſuyer avoit augmenté la mobilité du syftême nerveux.

L'affection de la matrice étant l'affection primitive, je dirigeai mon action fur la région hypogaftrique. Quatre ou cinq minutes après, les mouvemens convulfifs des bras & des mufcles de la face cefferent, & la malade commença de revenir à elle. Je lui demandai dans quel endroit elle fouffroit; fans me répondre, elle porta les mains à la partie fupérieure de l'épigaftre.

Alors j'abandonnai méthodiquement la région hypogaftrique, & je dirigeai mon action fur l'orifice fupérieur de l'eftomac. A peine y avoit-il deux minutes que je procédois de cette maniere, que des flatuofités fortirent abondamment à trois ou quatre reprifes, & avec explofion, de la bouche de la malade, qui dès ce moment fe trouva parfaitement rétablie. En la quittant, je confeillai qu'on lui fît prendre trois onces d'eau de fleur d'orange & une prife de bouillon.

Réflexions.

Cette malade étant fans connoiffance, il eft évident que l'imagination ne produifoit point les changemens qui furent opérés pendant que je la magnétifois.

Obfervation cinquieme.

Madame de S... éprouvoit une douleur

des plus inquiétantes à l'œil droit; cette douleur ayant cessé subitement, il en survint aussi-tôt une autre beaucoup plus aiguë que celle-là à l'orifice supérieur de l'estomac, & je fus appellé pour y remédier.

Je magnétisai l'œil droit de maniere à y établir un foyer de dérivation. Ensuite je dirigeai toute mon action sur l'orifice supérieur de l'estomac. Ce procédé fut suivi de quelques éruptions flatueuses de la bouche. Alors, sans changer absolument ma position, je donnai plus d'intensité à mon action ; ce qui fut suivi d'une grande explosion flatueuse estomacale & de quelques efforts de vomissement qui firent rejetter beaucoup de glaires à la malade ; & aussi-tôt cette Dame fut entiérement délivrée de la douleur de l'épigastre, & elle commença d'en ressentir une à l'œil droit.

Réflexions.

On voit dans cette observation, que des procédés semblables à ceux que j'avois employés pour la malade qui fait le sujet de l'observation précédente, ont été suivis des mêmes effets ; & on a vu dans la derniere observation que ces effets étoient indépendans de l'imagination.

Observation sixieme.

J'ai une petite chienne épagneule, fort vive & fort caressante, sur laquelle je réſolus d'éprouver le Magnétiſme animal. Pour cet effet, je lui appliquai légérement un conducteur à la partie ſupérieure de l'épigaſtre.

Dans quelques minutes la petite chienne perdit ſon air careſſant & ſa vivacité naturelle ; elle fit quelques bâillemens, & ſortit la langue à diverſes repriſes ; ſes yeux devinrent humides, ſes paupieres ſe fermerent & s'ouvrirent alternativement ; enfin, des larmes coulerent de ſes yeux. Alors je retirai le conducteur, & la mis à terre. Elle paſſa dans une autre chambre, où elle fut d'une gaieté ſurprenante ; mais, contre ſon ordinaire, elle ne voulut ſe laiſſer prendre par qui que ce fût.

Quelques jours après je réïtérai cette expérience ; & lorſque les larmes commencerent de couler, je plaçai la chienne ſur une chaiſe, où elle ſe coucha comme pour s'endormir.

Tandis qu'elle étoit dans cette poſition, elle fut magnétiſée à un pouce de diſtance par le moyen d'un conducteur. Au bout de quelques minutes elle ſe renverſa ſur l'épine, enſuite elle ſe roula en pluſieurs ſens, faiſant avec les pates des mouvemens extraordinaires qui ſembloient involontaires.

Je fis ceſſer ces mouvemens en procédant comme on le fait pour modérer ou dissiper ce qu'on appelle une crise dans l'école de M. Mesmer.

Réflexions.

Les changemens dans la maniere d'être de cette chienne, qui ont succédé à l'application légere du conducteur à l'épigastre & à la présentation, sans nul contact du même instrument, ne sçauroient être attribués à la pression, encore moins à l'imagination & à l'imitation.

Observation septieme.

Madame de Jalabert étoit paralysée du côté droit depuis neuf mois; sa langue étoit dans un état d'engourdissement qui l'empêchoit de parler distinctement; les personnes qui vivoient habituellement avec elle, pouvoient seules comprendre la majeure partie de ce qu'elle vouloit dire.

Je commençai de la magnétiser le 14 Octobre.

Le 16, l'épaule droite, qui étoit beaucoup plus basse que la gauche, fut sensiblement relevée, & elle commença de mouvoir le bras & l'avant-bras.

Le 19, elle eut assez de force dans la cuisse droite pour placer la jambe de ce côté sur la cuisse gauche.

Le 20, elle fut en état de faire le signe de la croix avec le bras paralysé, & elle commmença de marcher aſſez facilement en s'appuyant de la main gauche ſur le bras de quelqu'un : dès-lors les deux épaules étoient de niveau.

Le 26, elle put monter un eſcalier de dix-huit marches; alors elle ſe levoit de deſſus ſon fauteuil ſans le ſecours de perſonne; elle pouvoit même plier ſon corps pour ſaluer les perſonnes qui alloient la voir.

Ce que je viens de rapporter n'eſt qu'un commencement de guériſon, qui n'a rien d'extraordinaire, en le comparant aux guériſons parfaites de paralyſie qu'on a opérées dans pluſieurs traitemens; mais ce que vous allez lire m'a paru plus intéreſſant & digne de vous être communiqué.

Le 17 Octobre, me propoſant de fortifier la langue, j'engageai la malade à la porter en dehors autant qu'elle le pourroit; cela fait, je paſſai cinq fois le conducteur le long du côté droit de cet organe, & auſſi près que je le pus, ſans toucher.

A la troiſieme paſſe, la langue qui étoit placée au milieu de la bouche, devint inclinée vers le côté gauche, & après la cinquieme la malade fut décidément muette (1).

---

(1) M. de St. André, M. Mahuſiés, habile Chirurgien de notre Ville, Mademoiſelle Meſtre & ſa domeſtique étoient préſens.

Jugeant alors que pour fortifier le côté droit de la langue, il falloit agir sur le côté gauche, je passai le conducteur cinq fois le long de la partie latérale gauche de la langue, de la même maniere que je venois de le faire sur la partie droite.

A la quatrieme passe, la langue revint occuper le milieu de la bouche; & après la cinquieme, la malade reprit l'usage de la parole.

Le soir de ce même jour, je magnétisai à huit ou dix reprises, & toujours sans contact, les deux côtés de la langue.

A la suite de ce procédé, la malade prononça distinctement plusieurs mots qu'elle ne prononçoit auparavant qu'imparfaitement, entr'autres, ceux où il y a la lettre r: avant ce procédé, elle disoit *Mayon* au lieu de *Marion; peyé* au lieu de *perié*, &c. &c.

Le lendemain 18 Octobre, après avoir fait répéter à la malade tous les mots qu'elle avoit prononcés la veille, je travaillai à fortifier de nouveau sa langue: dans cette vue, je la touchai plusieurs fois latéralement en dessus, en dessous & au bout; en outre, je touchai la mâchoire inférieure vis-à-vis l'attache des muscles myoglosses.

L'effet de ces attouchemens fut de rendre la malade absolument muette.

Espérant que les forces de la vie rétabliroient le mouvement de la langue, je laissai la malade dans cet état pendant une heure.

Ensuite je magnétisai la langue à sa base; je n'eus pas fait cette manœuvre pendant deux minutes, que la malade prononça mon nom : je lui dis de prononcer de même celui de toutes les personnes qui étoient présentes; ce qu'elle fit.

Alors je cessai ma manœuvre, & dans l'instant la malade perdit l'usage de la parole : n'étoit-ce pas le cas de dire, *sublatâ causâ tollitur effectus?*

Je laissai la malade dans cet état de mutité pendant demi-heure. Ensuite je renouvellai l'action qui avoit rétabli l'usage de la parole, & deux ou trois minutes après la malade parla. Je la magnétisai plus long-temps que je n'avois fait auparavant, & elle conserva la faculté de parler (1).

---

(1) Madame de Perier, Mademoiselle de Senover, Mademoiselle de Sancere & une domestique étoient présentes à ce que je viens de rapporter.

Réflexions.

Réflexions.

Les expériences du 17 & celles du 18 me paroissent une démonstration évidente de l'existence de l'agent, que MM. les Commissaires traitent de chimere, & dont ils attribuent les effets à l'imagination, ou à la pression, ou à l'imitation.

Vous comprenez bien, mon cher Confrere, que d'après ces observations, qui me sont propres, & dans lesquelles je n'ai certainement pas voulu me tromper moi-même, il ne m'est pas plus possible de douter de l'existence de l'agent découvert par M. Mesmer, que de l'efficacité des moyens qu'on emploie pour le mettre en action : je joindrai donc ce moyen curatif à ceux que je connois déjà, & je m'en servirai comme je me sers de ces derniers, c'est-à-dire, en Médecin praticien, qui, dans le traitement des maladies, n'admet d'autre théorie que celle qui est le résultat des observations & de l'analogie.

Comme Physicien, j'admets la circulation du sang ; comme Physicien, j'admets & j'admire la sublime théorie que nous a donnée M. Mesmer. Il y a plus : l'influence des astres sur l'homme malade me paroît moins contestable qne ne l'est la circulation du sang dans l'animal en état de maladie, telle que l'a publiée le célebre Harvée ;

d'un autre côté, je préſume que l'agent qui fait développer un paroxiſme convulſif dans une perſonne qu'on magnétiſe, eſt le même que celui qui le fait développer en pleine ou nouvelle lune; mais malgré cela, je penſe qu'auprès des malades on ne doit voir que les obſervations des Praticiens; ainſi, de même que j'emploie le quinquina uniquement dans les cas où les obſervations nous ont appris qu'il eſt ſalutaire, de même je ne me propoſe d'employer le nouvel agent que dans les maladies ſemblables à celles qu'il aura guéries ou ſoulagées, du moins juſqu'à ce que des expériences multipliées aient prouvé que ſon uſage n'eſt jamais pernicieux, ou qu'il ne l'eſt que dans tel ou tel cas déterminé.

J'ai l'honneur d'être, &c.

On oſe croire qu'on trouvera dans la Lettre de M. Malzac toute la ſageſſe d'un obſervateur ſans enthouſiaſme : on lira ſûrement avec intérêt les Conſidérations de M. Bergaſſe, ſur la découverte du Magnétiſme; *il a jetté dans cet eſſai de grandes idées profondément réfléchies, énoncées avec force & nobleſſe; elles ne pouvoient partir que d'une belle ame, d'un eſprit élevé, & ſemblent promettre à la conception humaine des combinaiſons nouvelles & har-*

dies. C'eſt d'après de ſemblables ouvrages qu'on peut ſe former quelque opinion du genie de M. Meſmer, parodié dans tant de brochures, tour à tour injurieuſes ou plattement bouffonnes. Il vient d'en germer une (du crû du pays) qui réunit le mérite de ces deux genres ; les perſonnes qui tenteroient d'y puiſer une idée du Magnétiſme, rencontreroient auſſi-bien que celui qui voudroit apprécier l'Énéide de Virgile dans l'Enéide de Scaron.

LISTE
DE MESSIEURS
DE LA SOCIÉTÉ DE L'HARMONIE
DE GUIENNE.

Fondateur.

M. le Comte MAXIME DE PUYSEGUR, Meſtre de Camp en ſecond du Régiment de Languedoc.

Meſſieurs

ARCHBOLD pere, Docteur en Médecine, Médecin de l'Hôtel-Dieu, & Chef de traitement à Lodeve en Languedoc.

* ARCHBOLD fils, Docteur en Médecine & en Chirurgie de l'Univerſité de Montpellier, Correſpondant de la Société Royale des Sciences, & de celle de Médecine de Paris, Chef de traitement à Bordeaux.

* ALPHONSE, Maître en Pharmacie, de

Les perſonnes dont le nom eſt marqué d'une étoile, ont été reçus à la Société de Paris, & en ſont Membres.

l'Académie des Sciences de Bordeaux, Chef de traitement.

Pierre BALGUERIE, Négociant à Bordeaux.

BAOUR Maisonneuve, Négociant à Bordeaux.

J. J. BARTHEZ, Négociant à Bordeaux.

DE BIRÉ, Conseiller au Parl. de Bordeaux.

Paul BOREL, Négociant à Bordeaux.

BORY aîné, Négociant à Bordeaux.

BOULLÉ, Négociant à Bordeaux.

J. J. BOYER, Négociant à Bordeaux.

DE BRETHONS DE CASTELNAU, Citoyen de Bayonne.

CLAVELIN, Docteur en Médecine, Chirurgien-Major du Régiment de Champagne.

COMMAMALE, Maître en Chirurgie à Bayonne.

CROZILLAC, Négociant à Bordeaux.

DAMAS, habitant de Saint-Domingue.

DELZOLIER, Négociant à Bordeaux.

Le Pere DESMARIERES, Religieux de la Charité à l'Isle de Rhé.

DUBERNET jeune, Négociant à Bordeaux.

DUBESSET, Lieutenant au Régiment de Languedoc.

DUCLA, Citoyen de Bordeaux.

* DUFOUR, Secretaire du Roi à Bordeaux.

Le Vicomte DUHAMEL, Lieutenant de Maire de la Ville de Bordeaux.

DURAND, de Lyon.

FABRE, Négociant à Bordeaux.

FAUCHEY, Négociant à Bordeaux.

* FITZ-GIBBON, Docteur en Médecine, *Chef de traitement à Bordeaux.*

Le Pere FROMIT, Religieux de la Charité à Cadillac sur Garonne.

Le Chev. FROGER DE LA RIGAUDIERE, Capitaine de Vaisseau, Chevalier de l'Ordre de Saint Louis.

GACHET DE LISLE, Négociant à Bordeaux.

DE GALATHEAU.

Le Vicomte DE GANDS, Colonel-Commandant du Régiment de Champagne.

GAUBE, Maître en Pharmacie à Bayonne.

GAUTHIER aîné, Négociant à Bordeaux.

GENSONNÉ, Avocat au Parlement de Bordeaux.

Le Marquis DE GOMBAUT.

LABAT DE SERENNE, Négociant à Bordeaux.

Le Pere LAMOTHE, Religieux de la Charité à la Rochelle.

DE LANOGAREDE-LAGARDE, Capitaine au Régiment de Languedoc.

* JEAN LAPORTE, Agent de Change à Bordeaux.

DE LAPORTE-PAULIAC, Conseiller au Parlement de Bordeaux.

LATAPIE, Inſpecteur des Manufactures, des Pépinieres, & de l'Académie des Sciences de Bordeaux &c.

Le P. DELAVIGNE, Religieux de la Charité, à Saintes.

L'EGUILLE, Directeur du Bureau Royal de Correſpondance, à Bordeaux.

LUETKENS, Négociant à Bordeaux.

LUMIERE, Avocat au Parl. de Bordeaux.

* MALZAC, Docteur en Médecine de l'Univerſité de Montpellier, Chef de traitement, à Caſtres en Albigeois.

DE MESLON, Conſeiller au Parlement de Bordeaux.

MOMBALON, Docteur en Médecine à Bayonne.

* PONGAUDIN, Habitant de S. Domingue.

* L'Abbé DE POULOUZAT, Conſeiller au Parlement de Bordeaux.

* PRADELLE, Docteur en Médecine de l'Univerſité de Montpellier, Chef de traitement, à Bordeaux.

DE PRUNES DUVIVIER, Conſeiller au Parlement de Bordeaux.

ROUSSILLON.

SAGERAN aîné, Négociant à Bordeaux.

SAGERAN jeune, Négociant à Bordeaux.

SCHALS, Négociant à Bordeaux.

SERS, Négociant à Bordeaux.

WATON, Docteur en Médecine, Chirurgien-Major au Régiment de Languedoc.

OFFICIERS DE LA SOCIÉTÉ.

SYNDICS.

Messieurs

L'Abbé DE POULOUZAT, fondé de pouvoirs de M. Mesmer.
Le Vicomte DUHAMEL.
DE GALATHEAU.
DE MESLON.

SECRETAIRES.

Messieurs.

LUMIERE.
DE LAPORTE-PAULIAC.

BIBLIOTHÉCAIRE ET ARCHIVISTE.

M. ARCHBOLD fils.

TRÉSORIER.

M. SCHALS.

LIBRAIRE DE LA SOCIÉTÉ.

M. PAUL PALLANDRE le jeune, Maître-ès-Arts en l'Université, *rue du Chapeau rouge.*

www.ingramcontent.com/pod-product-compliance
Ingram Content Group UK Ltd.
Pitfield, Milton Keynes, MK11 3LW, UK
UKHW020408190726
13838UKWH00006B/355

9 782329 411033